SKANIŲ ĮDARŲ KULINARIJOS KNYGA

100 SKANIŲ RECEPTŲ, KAIP ĮVALDYTI MĖSOS IR DARŽOVIŲ ĮDARŲ BEI TROŠKINIŲ MENĄ

ALDONA KAVALIAUSKIENĖ

Visos teisės saugomos.

Atsisakymas

Šioje el. knygoje pateikta informacija turi būti visapusiškas strategijų, apie kurias šios el. knygos autorius atliko tyrimą, rinkinys. Santraukos, strategijos, patarimai ir gudrybės yra tik autoriaus rekomendacijos, o šios el. knygos skaitymas negarantuoja, kad rezultatai tiksliai atspindės autoriaus rezultatus. El. knygos autorius dėjo visas pagrįstas pastangas, kad pateiktų naujausią ir tikslią informaciją el. knygos skaitytojams. Autorius ir jo partneriai neprisiima atsakomybės už bet kokias netyčines klaidas ar praleidimus. El. knygos medžiagoje gali būti trečiųjų šalių informacijos. Trečiųjų šalių medžiagą sudaro jų savininkų nuomonė. Todėl el. knygos autorius neprisiima atsakomybės už bet kokią trečiųjų šalių medžiagą ar nuomones.

El. knygos autorių teisės priklauso © 2022, visos teisės saugomos. Neteisėta perskirstyti, kopijuoti arba kurti išvestinį darbą iš šios el. knygos visos ar jos dalies. Jokia šios ataskaitos dalis negali būti atgaminta ar perduota bet kokia forma be raštiško ir pasirašyto autoriaus leidimo.

TURINYS

TURINYS 3

ĮVADAS 7

1. ŠONINE APVYNIOTI SŪRIO ŠUNYS 8
2. TUNISO FRICASSÉE 11
3. SUMUŠTINIS SU VIŠTIENOS ĮDARU 15
4. ĮDARYTOS SALDŽIOSIOS BULVĖS 17
5. KARIUOTI ĮDARYTI GRYBAI 20
6. POMIDORAI IR GRYBAI 23
7. SŪRIOS BULVĖS 26
8. RICOTTA ĮDARYTI BAKLAŽANŲ APVALIAI 29
9. KRABAIS ĮDARYTI GRYBAI 33
10. ORO GRUZDINTUVĖ CAPRESE ĮDARYTA VIŠTIENA 36
11. MOLIŪGŲ RAVIOLIAI SU ŽIRNELIAIS 40
12. ĮDARYTI PAPRIKA 44
13. PADĖKOS DIENA ĮDARYTI GRYBAI 47
14. ORKAITĖJE KEPTI OBUOLIAI 50
15. ŠONINE APVYNIOTI KOTLETAI 53
16. ADOBO BUTTERED TURKIJA 56
17. OBUOLIŲ GLAZŪRUOTA KALAKUTIENA 60
18. KORNVALIO VIŠTOS, ĮDARYTOS ABRIKOSAIS 63
19. PADĖKOS PICA 66
20. MALTOS KIAULIENOS WONTON 69
21. SŪRIU ĮDARYTA ŠONINE DEŠRAINĖ 72
22. SŪRIU ĮDARYTAS ŠONINE SŪRIO MĖSAINIS 75
23. ĮDARYTA KIAULIENOS NUGARINĖ IR SKRUDINTI RIDIKAI 78
24. ITALIŠKI ĮDARYTI KOTLETAI 82
25. ĮDARYTI DUONOS „VYNIOTINIAI" 85
26. DEGTAS MĖLYNIŲ PRANCŪZIŠKAS SKREBUTIS 87
27. PEKINO ANTIS 90

28. Fire Roasted Chorizo Jalapeños 93
29. Įdaryti pomidorai 96
30. Ryžiais įdaryti pipirai 99
31. Įdarytos saldžiosios bulvės 102
32. Mėtų krevečių kąsneliai 105
33. Rūkyta visa antis 108
34. Ant grotelių kepta, įdaryta kiaulienos nugarinė 111
35. Įdarytas kiaulienos vainiko kepsnys 114
36. Įdaryta Porchetta 117
37. Rūkyta krevetė Tilapia 120
38. Avokadas, įdarytas rūkyta žuvimi 123
39. Šoninė ir rūkytos austrės 126
40. Kepti kiaušiniai su rūkyta lašiša 128
41. Čekiški marinuoti dešrainiai 131
42. Šoninės ir svogūnų užtepėlė 134
43. Čekiškas marinuotas sūris 137
44. Pekano riešutais įdarytas rūkytas fazanas 140
45. Pekano riešutų rūkytos nugarinės 143
46. Įdaryti baklažanai 146
47. Įdaryti raudonieji pipirai su jautiena 148
48. Vištienos kepsnys su rozmarinais 151
49. Įdarytos sardinės 153
50. Skumbrė 156
51. Braziliška dešra įdaryta uhu 159
52. Tilapijos ir kavos įdaras 161
53. Tofu įdaryti pipirai ant grotelių 164
54. Ant grotelių kepti tofu kvadratėliai 168
55. Pesto įdarytos krevetės 170
56. Kepkite nachos 173
57. Įdaryti ir kepti kukurūzų lukštai 175
58. Obuolių desertų pakeliai 179
59. Kepti įdaryti obuoliai 181
60. Ant grotelių kepti įdaryti obuoliai 183
61. Krevetėmis įdaryti grybai 187

62. MĖLYNUOJU SŪRIU ĮDARYTOS KREVETĖS 190
63. PIPIRUOTA JŪROS GĖRYBIŲ DEŠRA 192
64. OMARŲ DEŠRA 195
65. KEPTI ĮDARYTI MOLIUSKAI 197
66. POBLANOS SU QUINOA ĮDARU 199
67. KVINOJA IR VAISIŲ ĮDARAS 202
68. KVINOJA IR RIEŠUTŲ PADAŽAS 205
69. KVINOJA ĮDARYTI PIPIRAI 207
70. QUINOA BROKOLIŲ RABE 210
71. KVINOJA ĮDARYTAS MOLIŪGAS 213
72. KVINOJA ĮDARYTI SVOGŪNAI 216
73. POMIDORAI, ĮDARYTI QUINOA 219
74. ANAKARDŽIŲ KEPSNYS SU ŽOLELIŲ ĮDARU 221
75. NASTURTĖMIS ĮDARYTI KIAUŠINIAI 224
76. ŽOLINĖ KUKURŪZŲ ŠUKUTĖ 227
77. FATAYA 229
78. PŪKUOTI AKAROS KAMUOLIUKAI 232
79. MOLIUSKAIS ĮDARYTI GRYBŲ KEPURĖS 235
80. ESTRAGONINIS ĖRIUKAS 238
81. KORNVALIO MEDŽIOJAMOJI VIŠTA SU KASOS ĮDARU 241
82. ĮDARYTAS KEPTAS SEITANO KEPSNYS 245
83. SEITAN EN CROUTE 248
84. TOFU ĮDARYTI KREVETĖMIS 251
85. TOFU TRIKAMPIAI SU KIAULIENA 254
86. TOFU, ĮDARYTI VANDENS RĖŽIUKAIS 257
87. ŠPINATAI MANICOTTI 260
88. TORTELLINI SU APELSINŲ PADAŽU 263
89. ARTIŠOKŲ-GRAIKINIŲ RIEŠUTŲ RAVIOLIAI 266
90. ĮDARYTI VIŠTIENOS SPARNELIAI 270
91. VIDURŽEMIO JŪROS ĮDARYTI KOTLETAI 273
92. ALYVUOGĖMIS ĮDARYTI KOTLETAI 276
93. RAUGINTŲ KOPŪSTŲ RUTULIUKAI 279
94. KALAKUTIENA IR MĖSOS KUKULIŲ ĮDARAS 282
95. SŪRIU ĮDARYTI KOTLETAI 285

96. VIŠTIENOS SALOTŲ RUTULIUKAI 288
97. MIKROŽALIU ĮDARYTAS OMLETAS 290
98. ĮDARYTA SALDŽIOJI BULVĖ ANT RUKOLOS 293
99. MICROGREEN ĮDARYTI CUKINIJŲ SUKTINUKAI 296
100. BULVIŲ LIZDAI SU MIKRO ŽALUMYNAIS 300

IŠVADA **304**

ĮVADAS

Įdaras arba įdaras yra valgomasis mišinys, dažnai sudarytas iš žolelių ir krakmolo, pavyzdžiui, duonos, naudojamas užpildyti ertmę ruošiant kitą maisto produktą. Daugelis maisto produktų gali būti įdaryti, įskaitant paukštieną, jūros gėrybes ir daržoves. Kaip gaminimo būdas, įdaras padeda išlaikyti drėgmę, o pats mišinys padeda sustiprinti ir sugerti skonį ruošiant.

Populiarus įdaras yra paukštienos įdaras, kurį dažnai sudaro džiūvėsėliai, svogūnai, salierai, prieskoniai ir žolelės, pavyzdžiui, šalavijas, kartu su viduriais. Priedai taip pat gali būti džiovinti vaisiai ir riešutai (pvz., abrikosai ir migdolų dribsniai) ir kaštonai.

Šie kūrybingi receptai įrodo, kad derinant įvairius ingredientus ir tekstūras paprastas patiekalas gali tapti skaniu patiekalu. Taigi, kai kitą kartą ieškosite būdo, kaip savo vakarienei, pietums ar garnyrai įgauti daugiau skonių, bet nenorėsite naršyti kelių skirtingų receptų, išbandykite „įdarymo" meną. Garantuoju, kad jums patiks šie „viskas viename" įdaryti maisto produktai!

1. Šonine apvynioti sūrio šunys

Išeiga: 4 porcijos

Ingredientas

- 4 dešrainiai, perpjauti išilgai
- 4 griežinėliai šoninės
- 1 riekelė amerikietiško sūrio, supjaustyta
- 4 dešrainių bandelės
- Garstyčios, pagal skonį

Nurodymai:

a) Kepkite šoninę mikrobangų krosnelėje ant grotelių 3 minutes aukštoje temperatūroje arba kol beveik iškeps.

b) Dešrainius įvyniokite į šoninę ir sutvirtinkite dantų krapštukais.

c) Į dešraines įdarykite sūrio juosteles.

d) Suvyniotus dešrainius išdėliokite ant dešrainių bandelių ir padėkite ant mikrobangų krosnelės stovo.

e) Ant viršaus uždėkite popierinį rankšluostį ir kepkite mikrobangų krosnelėje, kol sūris išsilydys.

2. Tuniso Fricassée

Ingridientai:

Už duoną
- 5 stiklinės miltų
- 2 kiaušiniai
- 2 šaukštai mielių
- 1/2 puodelio aliejaus
- 2 šaukštai šilto vandens
- 1 valgomasis šaukštas druskos
- Cukraus žiupsnelis

Įdarui, kepti ant grotelių arba skrudinti
- Harissapadažas (aštrus čili padažas)
- 8 pomidorai
- 4 paprikos (raudonos arba žalios)
- 8 česnako skiltelės, susmulkintos
- Viena 8 uncijų skardinė tuno žuvies
- 4 kiaušiniai, virti
- Žalios ir juodosios alyvuogės
- Kaparėliai
- 2 bulvės, virtos
- Druska, pipirai, alyvuogių aliejus ir citrina pagal skonį

Nurodymai:

a) Į didelį dubenį suberkite mieles į du šaukštus šilto vandens, įberkite vieną ar du šaukštus miltų ir gerai išmaišykite. Mišinys neturi būti per plonas ar storas. Uždenkite rankšluosčiu ir palikite kilti vieną valandą.

b) Tuo tarpu dideliame dubenyje sumaišykite sausus ingredientus (miltus, druską ir cukrų). Centre padarykite duobutę ir įpilkite rauginės medžiagos (mieles, vandenį ir miltus), pusę puodelio aliejaus ir du kiaušinius. Minkykite tešlą rankomis arba mikseriu apie 10 minučių arba tol, kol tešla nesutrūks tempiant tarp dviejų pirštų. Uždenkite ir palikite šiltoje vietoje kilti bent valandą.

c) Tešlai padvigubėjus, minkykite ir suformuokite 20 rutuliukų. Iš rutuliukų suformuokite pailgas bandeles ir palikite kilti šiltoje vietoje apie 30 minučių arba kol padvigubės.

d) Įkaitinkite aliejų ir kepkite bandeles iki auksinės rudos spalvos.

e) Išdžiovinkite ant popierinių rankšluosčių, perpjaukite per pusę iš vienos pusės, gausiai paskleiskite harisą į vidų, tada sudėkite pasirinktą įdarą.

f) Įdarui: pomidorus, papriką ir česnaką pakepinkite ant grotelių ir supjaustykite mažais gabalėliais. Supjaustykite dvi virtas bulves. Taip pat galite pridėti konservuotų tunų, kubeliais pjaustytų kietai virtų kiaušinių, kaparėlių ir alyvuogių. Pagardinkite druska ir pipirais, šlakeliu alyvuogių aliejaus ir keliais lašais citrinos sulčių.
g) Sudaro 20

3. Sumuštinis su vištienos įdaru

Ingridientai:
- Supjaustyta virta vištienos krūtinėlė
- Supjaustyta balta keptuvė (duona)
- Sviestas
- Majonezas
- Įdaras

Nurodymai:

a) Sviestu ir majonezu ištepkite dvi riekeles baltos duonos riekeles. Ant viršaus išdėliokite virtos vištienos griežinėlius. Ant viršaus uždėkite petražolių ir čiobrelių arba šalavijų ir svogūnų įdarą. Perpjaukite per pusę įstrižai ir patiekite.

b) Įdarui smulkiai pjaustytą svogūną pakepinkite svieste, kol suminkštės. Suberkite susmulkintas žoleles ir džiūvėsėlius ir gerai išmaišykite. Pagardinkite druska ir pipirais ir lėtai virkite, kol skoniai susimaišys.

4. Įdarytos saldžiosios bulvės

PORCIJOS: 1

Ingridientai:

- 1 puodelis vandens
- 1 saldžioji bulvė
- 1 valgomasis šaukštas gryno klevų sirupo
- 1 valgomasis šaukštas migdolų sviesto
- 1 valgomasis šaukštas kapotų pekano riešutų
- 2 šaukštai mėlynių
- 1 arbatinis šaukštelis chia sėklų
- 1 arbatinis šaukštelis kario pastos

Nurodymai:

a) Į greitai paruošiamą puodą įpilkite puodelį vandens ir įpilkite garintuvo stovo.

b) Uždarykite dangtį ir padėkite saldžiąją bulvę ant grotelių, įsitikinkite, kad atleidimo vožtuvas yra tinkamoje padėtyje.

c) Rankiniu būdu 15 minučių pašildykite greitąjį puodą iki aukšto slėgio. Prireiks kelių minučių, kol slėgis padidės.

d) Išjungus laikmatį, leiskite slėgiui natūraliai kristi 10 minučių. Norėdami išleisti likusį slėgį, pasukite atleidimo vožtuvą.

e) Kai plūdinis vožtuvas nukris, išimkite saldžiąją bulvę atidarydami dangtį.

f) Kai saldžiosios bulvės pakankamai atvės, kad būtų galima tvarkyti, perpjaukite ją per pusę ir sutrinkite minkštimą šakute.

g) Pabarstykite pekano riešutais, mėlynėmis ir chia sėklomis, tada apšlakstykite klevų sirupu ir migdolų sviestu.

5. Kariuoti įdaryti grybai

PORCIJOS: 5

Ingridientai:

- ¼ puodelio majonezo
- 1 arbatinis šaukštelis česnako miltelių
- 1 mažas geltonas svogūnas, susmulkintas
- 24 uncijos baltų grybų kepurėlių
- 1 ir ½ stiklinės vandens
- Druska ir juodieji pipirai pagal skonį
- 1 arbatinis šaukštelis kario miltelių
- 4 uncijos grietinėlės sūrio, minkštas
- ¼ puodelio kokoso grietinėlės
- ½ puodelio meksikietiško sūrio, susmulkinto
- 1 puodelis krevečių, virtų, nuluptų, nuluptų ir susmulkintų

Nurodymai:

a) Maišymo inde sumaišykite majonezą, česnako miltelius, svogūną, kario miltelius, grietinėlės sūrį, grietinėlę, meksikietišką sūrį, krevetes, druską ir pipirus, tada mišiniu įdarykite grybus.

b) Užpildykite greito paruošimo puodą iki pusės vandens, įdėkite garintuvo krepšelį, suberkite grybus, uždenkite ir virkite aukštoje temperatūroje 14 minučių.

c) Patiekite kaip užkandį, išdėliodami grybus ant lėkštės.

6. Pomidorai ir grybai

PORCIJOS: 4

Ingridientai:

- 4 pomidorai, nupjaukite viršūnes ir išskobkite minkštimą
- ½ puodelio vandens
- Druska ir juodieji pipirai pagal skonį
- 1 geltonasis svogūnas, susmulkintas
- 1 valgomasis šaukštas aliejaus
- 2 šaukštai salierų, susmulkintų
- ½ puodelio grybų, supjaustytų
- 1 puodelis varškės
- ¼ arbatinio šaukštelio kmynų
- 1 valgomasis šaukštas petražolių, kapotų

Nurodymai:

a) Greitai paruošiamą puodą įkaitinkite iki kepimo režimo, tada įpilkite aliejaus, įkaitinkite, tada suberkite svogūną ir salierą, išmaišykite ir virkite tris minutes.

b) Įmeskite pomidorų minkštimą, grybus, druską, pipirus, sūrį, petražoles ir kmynus, gerai išmaišykite ir troškinkite dar 3 minutes prieš įdarydami pomidorus.

c) Į greitą puodą įpilkite vandens, įpilkite garų puodo krepšį ir įdarytus pomidorus, uždenkite ir virkite ant aukštos temperatūros 4 minutes.

d) Norėdami patiekti kaip užkandį, išdėliokite pomidorus ant lėkštės.

7. Sūrios bulvės

PORCIJOS: 5

Ingridientai:

- 5 vidutinės bulvės
- 2 puodeliai vandens
- 1/4 puodelio čederio sūrio; susmulkinti
- 1/4 stiklinės mocarelos sūrio; susmulkinti
- 1 arbatinis šaukštelis raudonųjų pipirų dribsnių
- 1 arbatinis šaukštelis. kario milteliai
- 1½ šaukštelio sviesto
- Druska ir pipirai pagal skonį

Nurodymai:

a) Visas bulves nupjaukite centre ir įpjaukite įpjovą viršuje.

b) Į bulves suberkite sūrį, sviestą, druską, pipirus, karį ir pipirų dribsnius.

c) Į greitojo puodo vidų įstatykite garų puodą ir užpildykite jį vandeniu.

d) Įdarytas bulves dėkite ant trinkelės viršaus, smailiąja puse į viršų.

e) Uždarykite greito puodo dangtį ir virkite aukštu slėgiu 20 minučių.

f) Natūraliai atleiskite ir atidarykite greito puodo dangtį, kai laikmatis išsijungs.

g) Bulves perkelkite į indą ir pagardinkite druska bei pipirais.

8. Ricotta įdaryti baklažanų apvaliai

IŠELIS: 12

VISAS LAIKAS: 1 valanda 58 minutės

Ingridientai:

- 1 Vidutinis baklažanas
- Jūros druska

Užpildymas

- 6 uncijos. Rikotos sūris
- 1/4 puodelio parmezano sūrio
- 3 valgomieji šaukštai šviežių petražolių
- 1 arbatinis šaukštelis česnako miltelių
- 1 Kiaušinis

Duona

- 2 Kiaušiniai
- 1,5 stiklinės kiaulienos žievelės trupinių
- 2 arbatiniai šaukšteliai itališkų prieskonių
- 1/4 puodelio parmezano sūrio (kepimui)

Nurodymai:

a) Baklažaną supjaustykite 1/2 colio apskritimais. Padėkite ant popieriniu rankšluosčiu išklotos kepimo skardos, o viršų pabarstykite jūros druska. Ant šios ir kitos kepimo skardos uždėkite popierinius rankšluosčius. Įdėkite dubenėlius ar lėkštes, kad pasvertumėte keptuvę ir pašalintumėte vandens perteklių 30 minučių.

b) Kol pjaustytas baklažanas prakaituoja, dubenyje sumaišykite rikotą, parmezaną, petražoles ir vieną kiaušinį ir atidėkite.

c) Nuimkite popierinius rankšluosčius nuo baklažanų ir nuvalykite druskos perteklių. Ant kiekvieno gabalėlio viršaus užtepkite kupiną šaukštą rikotos mišinio ir sviesto peiliu tolygiai paskirstykite ant baklažano. Pakartokite su visais baklažanų griežinėliais.

d) Ant kepimo skardos sudėkite rikotos sluoksniuotus baklažanų apskritimus ir padėkite į šaldiklį, kad sustingtų.

e) Kai sustings, įdėkite du kiaušinius į indą, tada sumaišykite kiaulienos žieveles, 1/4 puodelio parmezano ir itališkus prieskonius atskirame inde. Kiekvieną baklažano gabalėlį aptepkite kiaušinių plovikliu, o paskui – kiaulienos žievelės mišiniu. Paspauskite, kiek reikia, kad pasidengtų tolygiai.

f) Kiekvieną ratą dėkite atgal ant kepimo skardos ir vėl į šaldiklį, kad sustingtų, maždaug 30-45 minutes.

g) Vos 8 minutės 375 F temperatūroje oro gruzdintuvėje yra puikus laikas gauti traškią aukso rudą dangą ir puikiai iškeptus baklažanus.

9. Krabais įdaryti grybai

Bendras laikas: 31 minutė

Išeiga: 3 porcijos

Ingridientai:

- 8 uncijos grybų

Įdaras:

- 8 uncijos krabų mėsos, susmulkintos
- 2 žalieji svogūnai, smulkiai pjaustyti
- 1/4 puodelio majonezo
- 1/3 puodelio parmezano sūrio
- 1 arbatinis šaukštelis petražolių
- 1/4 arbatinio šaukštelio paprikos
- Žiupsnelis druskos ir pipirų

Nurodymai:
a) Įkaitinkite oro gruzdintuvą iki 380 laipsnių.

b) Grybus nuvalykite drėgnu popieriniu rankšluosčiu. Nuplėškite grybų stiebus ir šaukštu pašalinkite kai kurias vidines žiaunas.

c) Oro gruzdintuvą lengvai apipurkškite kepimo purkštuvu arba išklokite folija.

d) Vidutinio dydžio dubenyje sumaišykite įdaro ingredientus.

e) Kiekvieną grybą tolygiai įdarykite krabų įdaru.

f) Vienu sluoksniu sudėkite grybus į keptuvę. Nepersidengti. Tai gali tekti daryti partijomis, atsižvelgiant į naudojamų grybų dydį.

g) Kepkite 9 minutes arba tol, kol įdaras pradės ruduoti ir grybai suminkštės.

10.　　Oro gruzdintuvė Caprese įdaryta vištiena

Bendras laikas: 35 minutės

Išeiga: 23 porcijos

Ingridientai:

- 2 didelės vištienos krūtinėlės be kaulų, be odos (maždaug 1 svaras)
- 1 romiškas pomidoras, supjaustytas
- 1/4 svaro šviežios mocarelos, supjaustytos maždaug 1/4 colio storio
- 6 švieži baziliko lapeliai
- 1 valgomasis šaukštas itališkų prieskonių
- 1 arbatinis šaukštelis druskos
- 1/2 arbatinio šaukštelio pipirų
- 1 arbatinis šaukštelis aukščiausios kokybės pirmojo spaudimo alyvuogių aliejaus
- 1 arbatinis šaukštelis balzamiko acto (nebūtina)
- Žiupsnelis druskos ir pipirų

Nurodymai:
a) Paruoškite Caprese įdarytą vištieną: kiekvienos vištienos krūtinėlės storojoje pusėje įpjaukite

plačią kišenę, įpjaukite beveik kitą pusę, bet ne iki galo. Atidarykite viščiuką su drugeliu. Vištieną tolygiai apšlakstykite aliejumi ir pagardinkite druska bei pipirais.

b) Dešinėje kiekvienos vištienos krūtinėlės pusėje sluoksniuokite mocarelos griežinėlius, pomidorų griežinėlius ir šviežią baziliką.

c) Atsargiai užlenkite kairę drugelio vištienos pusę ant dešinės ir užklijuokite 24 dantų krapštukais.

d) Kiekvienos krūtinėlės viršų pagardinkite itališkais prieskoniais ir žiupsneliu druskos bei pipirų.

e) Užpurkškite kepimo purškalo ant kiekvienos pagardintos vištienos krūtinėlės

f) Įkaitinkite oro gruzdintuvą iki 350 laipsnių F.

g) Išklokite krepšelį oro gruzdintuvės įdėklu arba folija. Sudėkite paruoštas įdarytas vištienos krūtinėlėmis.

h) Kepkite 350 laipsnių 2530 minučių arba tol, kol vištienos vidinė temperatūra pasieks 165 laipsnių F.

i) Prieš patiekdami apšlakstykite balzamiko actu (jei naudojate).

11. Moliūgų ravioliai su žirneliais

Padaro 4 porcijas

Ingridientai

- 1 puodelis konservuotų moliūgų tyrės
- 1/2 puodelio ypač kieto tofu, susmulkinto
- 2 šaukštai maltų šviežių petražolių
- Žiupsnelis malto muskato riešuto
- Druska ir šviežiai malti juodieji pipirai
- 1Makaronų tešla be kiaušinių
- 2 arba 3 vidutiniai askaloniniai česnakai, supjaustyti griežinėliais
- 1 puodelis šaldytų kūdikių žirnelių, atšildytų

Kryptys

a) Popieriniu rankšluosčiu nuvalykite skysčio perteklių nuo moliūgų ir tofu, tada virtuviniu kombainu sumaišykite su maistinėmis mielėmis, petražolėmis, muskato riešutu ir druska bei pipirais pagal skonį. Atidėti.

b) Norėdami pagaminti raviolius, ant lengvai miltais pabarstyto paviršiaus plonai iškočiokite makaronų tešlą. Tešlą supjaustykite į

c) 2 colių pločio juostelės. Ant 1 makaronų juostelės, maždaug 1 colio atstumu nuo viršaus, uždėkite 1 kupiną arbatinį šaukštelį įdaro.

d) Uždėkite kitą arbatinį šaukštelį įdaro ant makaronų juostelės, maždaug coliu žemiau pirmojo šaukšto įdaro.

e) Pakartokite per visą tešlos juostelės ilgį. Tešlos kraštus lengvai sudrėkinkite vandeniu ir ant pirmosios uždėkite antrą makaronų juostelę, uždengdami įdarą.

f) Tarp įdaro dalių suspauskite du tešlos sluoksnius. Peiliu apkarpykite tešlos šonus, kad ji būtų tiesi, tada perpjaukite tešlą tarp kiekvieno įdaro kauburėlio, kad susidarytumėte kvadratiniai ravioliai.

g) Prieš sandarindami būtinai išspauskite oro kišenes aplink užpildą. Šakučių dantukais suspauskite išilgai tešlos kraštų, kad ravioliai būtų sandarūs.

h) Perkelkite raviolius į miltais pabarstytą lėkštę ir pakartokite su likusia tešla ir padažu. Atidėti.

i) Didelėje keptuvėje ant vidutinės ugnies įkaitinkite aliejų. Sudėkite askaloninius česnakus ir kepkite, retkarčiais pamaišydami, kol askaloniniai česnakai taps giliai auksinės rudos spalvos, bet nesudegs, maždaug 15 minučių. Įmaišykite žirnelius ir pagal skonį pagardinkite druska ir pipirais. Laikykite šiltai ant labai mažos ugnies.

j) Virkite raviolius dideliame puode su verdančiu pasūdytu vandeniu, kol jie pakils į viršų, maždaug 5 minutes. Gerai nusausinkite ir perkelkite į keptuvę su askaloniniais česnakais ir žirneliais.

k) Virkite minutę ar dvi, kad skoniai susimaišytų, tada perkelkite į didelį serviravimo dubenį.

l) Pagardinkite daug pipirų ir patiekite iš karto.

12. Įdarytos bulgarinės paprikos

Išeiga: 6 įdaryti pipirai

Bendras laikas: 50 minučių

Sunkumas: Vidutinis

Ingridientai
- 6 didelės raudonos paprikos
- 1 svaras pjaustytų grybų,
- 1 arbatinis šaukštelis kokosų aliejaus
- ½ puodelio kukurūzų duonos trupinių
- 1 valgomasis šaukštas ryžių sėlenų aliejaus
- 1 puodelis šviežių žalių burokėlių, nuluptų ir sutarkuotų
- ½ svogūno, plonais griežinėliais
- 1 puodelis daržovių sultinio

Nurodymai:

a) Įkaitinkite orkaitę iki 375 ° F.

b) Keptuvėje įkaitinkite kokosų aliejų ir pakepinkite grybus.

c) Nuimkite kiekvienos paprikos viršūnes. Išimkite pipirų vidų ir nuvalykite.

d) Dideliame dubenyje sumaišykite visus kitus ingredientus. Pagal skonį pagardinkite druska ir pipirais.

e) Pipirus laisvai įdarykite mišiniu ir išdėliokite kepimo skardoje arti vienas kito.

f) Į keptuvės dugną įpilkite 1 colio karšto vandens.

g) Kepkite 45 minutes.

h) Nuimkite keptuvę nuo ugnies ir patiekite.

13. Padėkos dieną Įdaryti grybai

Išeiga: 4

Bendras laikas: 20 minučių

Sunkumas: Vidutinis

Ingridientai
- 8 dideli cremini arba balti grybai
- ½ puodelio kukurūzų miltų
- 1 puodelis kokoso pieno
- 1 puodelis susmulkintų raudonųjų burokėlių
- ½ puodelio susmulkintų morkų

Nurodymai:

a) Nuimkite grybų stiebus, nuvalykite šepetėliu, nuplaukite ir padėkite apvalia puse į viršų ant kepimo skardos, kad keptumėte 5 minutes 475 laipsnių F temperatūroje.

b) Virtuviniame kombaine sumaišykite grybų stiebus, kukurūzų miltus, burokėlius, morkas ir kokosų pieną.

c) Įdarą kepkite 5 minutes nedidelėje keptuvėje. Sutrinkite į pastą.

d) Išimkite dangtelius iš orkaitės ir į kiekvieną grybų kepurėlę įdėkite po golfo kamuoliuko dydžio kaušelį įdaro.

e) Įkaitinkite orkaitę iki 400 ° F ir kepkite užpildytas grybų kepurėles 15 minučių.

f) Išimkite iš orkaitės, papuoškite baziliku ir patiekite iš karto.

14. Orkaitėje kepti obuoliai

Išeiga: 4

Bendras laikas: 30 minučių

Sunkumas: lengvas

Ingridientai:
- 4 dideli obuoliai su šerdimi
- 4 šaukštai rudojo cukraus
- 1 arbatinis šaukštelis juodosios melasos
- 1 valgomasis šaukštas ekologiško baltojo cukraus
- 1/8 arbatinio šaukštelio cinamono
- 1 arbatinis šaukštelis kokosų aliejaus
- 1/4 puodelio smulkiai pjaustytų graikinių riešutų
- 1 valgomasis šaukštas maltų datulių arba razinų
- 1/4 puodelio karšto vandens

Nurodymai:

a) Maišymo inde sumaišykite visus ingredientus, išskyrus vandenį, kol susidarys pasta.

b) Į keptuvę iki pusės įpilkite vandens ir suberkite obuolius.

c) Į kiekvieno obuolio centrą prikimškite pastos

d) Kepkite 30 minučių 350 laipsnių F temperatūroje, iešmu patikrindami, ar švelnumas.

e) Supilkite skystį į keptuvę ir virdami sumažinkite iki sirupo.

f) Obuolius apšlakstykite sirupu ir patiekite.

15. Šonine apvynioti kotletai

Išeiga: 10

Bendras laikas: 30 minučių

Sunkumas: lengvas

Ingridientai
- 1 pakuotė (26 oz.) Mėsos kukuliai
- 1 pakelis šoninės, supjaustytos juostelėmis
- 1 butelis medaus BBQ padažo

Nurodymai:

a) Įkaitinkite orkaitę iki 400 laipsnių pagal Farenheitą.

b) 17" x 11" kepimo skardą išklokite pergamentiniu popieriumi.

c) Aplink kiekvieną mėsos kukulį apvyniokite trečdalį šoninės riekelės ir sutvirtinkite dantų krapštuku.

d) Suvyniotus kotletus vienu sluoksniu dėkite ant pergamentinio popieriaus ir kepkite 20-25 minutes arba kol šoninė iškeps.

e) Išimkite kotletus iš keptuvės ir aptepkite medaus BBQ padažu.

f) Karamelizuojame BBQ padažą, grąžindami kotletus į orkaitę dar 5 minutėms.

16. Adobo Buttered Turkija

Išeiga: 6-8 porcijos

Ingridientai
Adobo padažui

- 4 džiovinti pasilla čili
- 3 džiovinti ancho čili
- 2 džiovinti chipotle čili
- 4 skiltelės česnako
- $\frac{1}{4}$ puodelio obuolių sidro acto
- 5 šaukštai apelsinų sulčių
- 2 šaukštai alyvuogių aliejaus
- 1 valgomasis šaukštas šviežio raudonėlio
- 2 arbatiniai šaukšteliai džiovintų čiobrelių
- 1 arbatinis šaukštelis kmynų
- $\frac{1}{2}$ arbatinio šaukštelio cinamono $\frac{1}{2}$ arbatinio šaukštelio kvapiųjų pipirų
- $\frac{1}{4}$ arbatinio šaukštelio gvazdikėlių

Dėl kalakuto

- 1 12-14 svarų kalakutiena

- Košerinė druska ir pipirai, pagal skonį

- 4 galvos česnako, perpjautos per pusę

- 6 klementinai, perpjauti per pusę

Adobo sviestui:

- 1 puodelis nesūdyto sviesto, kambario temperatūros

- ¼ puodelio adobo padažo

Nurodymai:

a) Įkaitinkite orkaitę iki 350 laipsnių pagal Farenheitą.

b) Paruoškite adobo padažą: trintuve sumaišykite visus ingredientus ir sutrinkite iki vientisos masės. 1/4 puodelio adobo padažo reikia atidėti.

c) Norėdami pagaminti adobo sviestą, sumaišykite sviestą ir rezervuotą 14 puodelių adobo padažą mikseriu iki kreminės masės ir sumaišyti.

d) Visą kalakutieną (iš vidaus ir išorės) apliekite adobo padažu keptuvėje.

e) Įdėkite kalakutieną į šaldytuvą nakčiai, uždengtą keptuvės dangčiu arba plastikine plėvele.

f) Išimkite kalakutą iš šaldytuvo ir padėkite 1 valandai ant stalo.

g) Į paukščio ertmę įkimškite česnako ir klementinų.

h) Paukščio išorę pagardinkite košerine druska ir pipirais. Jei norite, suriškite paukščio kojas.

i) Kepkite maždaug 3 1/2 valandos arba tol, kol vištienos vidinė temperatūra pasieks 160 laipsnių.

j) Prieš droždami iškeptą kalakutą palikite bent 30 minučių pailsėti

17. Obuolių glazūruota Turkija

Išeiga: 8 porcijos

Bendras laikas: 4 valandos

Sunkumas: Vidutinis

Ingridientai
- 1 (12-14 svarų) kalakutiena
- 1 arbatinis šaukštelis druskos
- 1/2 arbatinio šaukštelio juodųjų pipirų
- 3 obuoliai su šerdimi ir ketvirčiais
- 1 (12 uncijų) obuolių sulčių koncentratas
- 1 3/4 stiklinės vištienos sultinio
- 1 1/2 arbatinio šaukštelio trinto šalavijo

Nurodymai:
a) Įkaitinkite orkaitę iki 325 ° F.
b) Kepimo skardą išklokite aliuminio folija.
c) Kalakutieną sudėkite į įkaitintą kepimo skardą ir pagardinkite druska bei pipirais tiek viduje, tiek išorėje; prikimškite ertmę obuoliais.
d) Kalakutieną užpilkite obuolių sulčių koncentratu ir pripildykite keptuvę vištienos sultinio.

e) Laisvai uždenkite folija ir kepkite 3 valandas, kas 30 minučių apšlakstydami keptuvės sultimis.
f) Nuimkite foliją ir toliau kepkite dar 30–60 minučių arba tol, kol kalakutiena nebebus rausva, sultys išteka skaidrios, o mėsos termometras, įkištas į storiausią šlaunies vietą, rodo 180–185 laipsnių F.
g) Prieš pjaustydami palikite 15–20 minučių pailsėti.

18. Abrikosais įdarytos Kornvalio vištos

Išeiga: 6 porcijos

Bendras laikas: 1 valanda 10 minučių

Sunkumas: Vidutinis

Ingridientai

- 3 puodeliai abrikosų nektaro, padalinti
- 3 šaukštai sviesto
- 3 puodeliai įdaro mišinio
- 3 šaukštai kapotų migdolų
- 6 (1 svaro) Kornvalio vištos
- 1 valgomasis šaukštas paukštienos prieskonių
- 1 1/2 arbatinio šaukštelio druskos
- 2 šaukštai augalinio aliejaus
- Medus

Nurodymai:

a) Įkaitinkite orkaitę iki 350 laipsnių pagal Farenheitą.

b) Vidutinio dydžio puode sumaišykite 1-1/2 puodelio nektaro ir sviesto ir užvirinkite ant vidutinės ugnies.

c) Nuimkite keptuvę nuo ugnies ir įmaišykite įdaro mišinį bei migdolus; uždenkite ir atidėkite 5 minutėms.

d) Į kiekvieną vištą įdėkite 1/2 puodelio įdaro mišinio.

e) Mažame dubenyje ar puodelyje sumaišykite paukštienos prieskonius, druską ir aliejų ir kruopščiai patrinkite kiekvieną vištą.

f) Padėkite paukščius į likusius 1–1/2 puodelio nektaro didelės keptuvės apačioje.

g) Skrudinkite 30 minučių, tada aptepkite medumi ir kepkite dar 30 minučių arba kol oda taps auksinė.

h) Patiekite lašinukus ant šono.

19. Padėkos dienos pica

Išeiga: 8 griežinėliai

Bendras laikas: 20 minučių

Sunkumas: Vidutinis

Ingridientai:

- 1 Plokščios picos pluta
- 3/4 puodelio spanguolių padažo
- 1,5-2 stiklinės virta kalakutiena, susmulkinta
- 2-2,5 puodeliai Sharp White Cheddar, susmulkinti
- 1,5-2 puodeliai Įdaras, virtas
- 1 puodelis Padažas

Nurodymai:

a) Įkaitinkite orkaitę (arba grilį!) iki maždaug 425 laipsnių pagal Farenheitą.

b) Ant picos tešlos užtepkite sluoksnį spanguolių padažo.

c) Susmulkintą kalakutieną uždėkite ant spanguolių padažo ir lengvai įspauskite į vietą.

d) Uždėkite įdarą ant kalakutienos ir lengvai paspauskite žemyn.

e) Pabarstykite tarkuotu sūriu ir kepkite 8 minutes arba kol sūris išsilydys.

f) Padažą pašildykite, kol pica kepa.

g) Į picos viršų įpilkite didelį padažo sūkurį.

h) Patiekite su petražolėmis kaip garnyrą.

20. Vontono kiaulienos faršas

Ingridientai:

- 2 uncijos imbiero gabalėlis, nuluptas
- 1/4 puodelio vandens
- 16 uncijų maltos kiaulienos, idealiai tinka apie 30% riebalų
- 1 kiaušinis, sumuštas
- 1 valgomasis šaukštas sezamo aliejaus
- 1 arbatinis šaukštelis ryžių vyno arba sauso šerio
- 3/4 arbatinio šaukštelio druskos
- 1/4 arbatinio šaukštelio baltųjų pipirų
- 3 šaukštai vištienos arba kiaulienos sultinio
- 100 parduotuvėje pirktų Wonton įvyniojimų

Nurodymai:

a) Imbiero gabalėlį labai gerai sutrinkite, kad išsiskirtų skonis, ir leiskite jam mirkyti 1/4 puodelio vandens.

b) Sumaišykite kiaulienos faršą su mirkymo vandeniu iš imbiero, plaktu kiaušiniu, sezamų aliejumi, ryžių vynu, druska ir baltaisiais pipirais. Įpilkite vištienos arba kiaulienos sultinio, po pusę arbatinio šaukštelio, kad mišinys sudrėktų.

c) Ant vienos rankos padėkite Wonton įvyniojimą, įdarykite maždaug 1/2 šaukšto įdaro. Uždenkite sulenkdami įvyniojimą į trikampį. Uždarykite, švelniai paspausdami abi puses.

d) Paimkite du trikampio galus ir sulenkite žemyn, kol galai susidurs ir šiek tiek persidengs. Paspauskite, kad surištumėte galus.

e) Paruoškite didelę puodą verdančio vandens.

f) Švelniai, po kelis koldūnus dėkite į vandenį, nesupilkite ir virkite, kol įdaras iškeps (apie tris minutes).

g) Nusausinkite ir uždėkite ant pagardo. Lengvai išmaišykite.

h) Jei norite, papuoškite pjaustytais žaliais svogūnais arba kalendra arba smulkiai pjaustytu žaliu česnaku ar imbieru.

21. Sūriu įdaryta šonine apvynioti dešrainiai

Ingridientai

- 6 dešrainiai
- 12 griežinėlių šoninės
- 2 uncijos. Čedario sūris
- 1/2 arbatinio šaukštelio česnako miltelių
- 1/2 arbatinio šaukštelio svogūnų miltelių
- Druska ir pipirai pagal skonį

KRYPTYS

a) Įkaitinkite orkaitę iki 400 F. Visuose dešrainiuose padarykite plyšį, kad liktų vietos sūriui.
b) Supjaustykite 2 uncijos. Čederio sūrį iš blokelio į mažus ilgus stačiakampius ir įdarykite į dešrainius.
c) Pradėkite tvirtai apvyniodami vieną šoninės gabalėlį aplink dešrainį.
d) Toliau tvirtai apvyniokite antrąjį šoninės gabalėlį aplink dešrainį, šiek tiek perdengdami pirmąja riekele.
e) Įkiškite dantų krapštukus per kiekvieną šoninės ir dešrainio pusę, pritvirtindami šoninę.

f) Padėkite ant grotelių, esančių ant sausainių lapo. Pagardinkite česnako milteliais, svogūnų milteliais, druska ir pipirais.
g) Kepkite 35-40 minučių arba kol šoninė taps traški. Be to, jei reikia, ant viršaus apkepkite šoninę.
h) Patiekite su skaniais kreminiais špinatais!

22. Sūriu įdarytas šonine sūrio mėsainis

Ingridientai

- 8 uncijos. Malta jautiena
- 2 griežinėliai šoninės, iš anksto išvirti
- 1 oz. Mocarela sūris
- 2 uncijos. Čedario sūris
- 1 arbatinis šaukštelis druskos
- 1/2 arbatinio šaukštelio pipirų
- 1 arbatinis šaukštelis Cajun prieskonių
- 1 Šaukštas Sviesto

KRYPTYS

a) Maltą jautieną pagardinkite visais prieskoniais ir lengvai išmaišykite.
b) Paruoškite sūrį supjaustydami 1 unciją. Mocarela ir pjaustymas 2 uncijos. iš Čedaro.
c) Iš maltos jautienos suformuokite šiurkščius paplotėlius ir į vidų įdėkite mocarelą, apvyniokite sūrį su jautiena.
d) Keptuvėje įkaitinkite 1 valgomąjį šaukštą sviesto (vienam mėsainiui) ir palaukite, kol pradės burbuliuoti ir įkais.
e) Į keptuvę įpilkite mėsainio.
f) Uždenkite plėvele ir palikite virti 2-3 minutes.

g) Apverskite mėsainį ir ant viršaus uždėkite čederio sūrio. Ant viršaus vėl uždėkite keksą ir leiskite virti, kol pasieksite norimą temperatūrą, dar apie 1-2 minutes.
h) Šoninės griežinėlį perpjaukite per pusę ir uždėkite ant mėsainio viršaus. Mėgautis!

23. Įdaryta kiaulienos nugarinė ir skrudinti ridikai

Ingridientai
Įdaryta kiauliena

- 2 svarai kiaulienos nugarinės
- 3 arbatiniai šaukšteliai košerinės druskos
- 1 arbatinis šaukštelis pipirų
- 1 1/2 arbatinio šaukštelio svogūnų miltelių
- 1 arbatinis šaukštelis česnako miltelių ir 2 arbatiniai šaukšteliai čiobrelių ir 2 arbatiniai šaukšteliai rozmarino
- 1 lb. Maltos kiaulienos dešra
- oz. Baby Bella grybai
- 3 uncijos. Špinatai
- 1/2 arbatinio šaukštelio čiobrelių
- 1/2 arbatinio šaukštelio rozmarino
- 1/4 arbatinio šaukštelio česnako miltelių
- 1/4 arbatinio šaukštelio svogūnų miltelių
- Druska ir pipirai pagal skonį

Keptas ridikas

- 16 uncijų. Raudonasis ridikas
- 4 šaukštai ančių riebalų
- 1 arbatinis šaukštelis rozmarinas
- Druska ir pipirai pagal skonį

KRYPTYS

a) Pradėkite nuo kiaulienos nugarinės aptepimo drugeliu. Tai galite padaryti vienu iš dviejų būdų.
b) Pirmasis būdas yra nuleisti peilį maždaug coliu atstumu nuo nugarinės apačios. Lėtai „iškočiokite" kaip karpinį. Kitas yra padaryti 2 pjūvius. Vieną trečdalį nupjaukite nuo kiaulienos apačios. Paskleiskite jį per pusę, kaip parodyta paveikslėlyje, tada padarykite tą patį storesnę pusę.
c) Taip turėtų gautis ilga nugarinė, kurią iš abiejų pusių galite pagardinti druska, pipirais, svogūnų milteliais, česnako milteliais, čiobreliais ir rozmarinais. Supjaustykite grybus ir įkaitinkite orkaitę iki 400 F.
d) Keptuvėje ant vidutinės ugnies pradėkite virti dešrą. Kai dešra pradės ruduoti, sulaužykite ją mentele ir suberkite grybus, druską, pipirus, svogūnų miltelius, česnako miltelius, čiobrelius, rozmarinus ir kitus norimus prieskonius.
e) Į keptuvę įpilkite špinatų, kad trumpam sudžiūtų. Viską sumaišykite, kad viskas tolygiai pasiskirstytų.
f) Supilkite mišinį ant nugarinės viršaus ir tolygiai paskirstykite.

g) Susukite kiaulieną nuo mažiausios pusės iki didžiausios. Apvyniokite mėsininkų tinkleliu arba suriškite špagatu ir pašaukite į orkaitę. Kepkite 400 F temperatūroje 50–60 minučių arba tol, kol termometras parodys 140 F.

h) Tuo tarpu perpjaukite visus ridikėlius per pusę ir sudėkite į maišelį su ančių riebalais, druska, pipirais ir rozmarinu. Leiskite tai sėdėti, kol kiauliena kepa.

i) Kai kiauliena iškeps, išimkite iš orkaitės ir įjunkite orkaitę iki 450 F. Suvyniokite kiaulieną į foliją, kad pailsėtų, ir kepkite ridikėlius 30-35 minutes.

j) Patiekite su mėgstamu riebiu šonu! Mano mėgstamiausia prie šio patiekalo būtų kremuoti špinatai.

24. Itališki įdaryti mėsos kukuliai

Ingridientai

- 1 1/2 svaro maltos jautienos (80/20)
- 1 arbatinis šaukštelis raudonėlio
- 1/2 arbatinio šaukštelio itališkų prieskonių
- 2 arbatiniai šaukšteliai malto česnako
- 1/2 arbatinio šaukštelio svogūnų miltelių
- 3 šaukštai pomidorų pastos
- 3 valgomieji šaukštai linų sėmenų miltų
- 2 dideli kiaušiniai
- 1/2 puodelio alyvuogių, supjaustytų
- 1/2 puodelio Mozzarella sūrio
- Pasiekė 1 arbatinį šaukštelį Worcestershire padažo.
- Druska ir pipirai pagal skonį

KRYPTYS

a) Į didelį maišymo dubenį įpilkite maltos jautienos, raudonėlio, itališkų prieskonių ir česnako bei svogūnų miltelių. Gerai išmaišykite rankomis

b) Į mėsą įpilkite kiaušinių, pomidorų pastos, linų sėmenų ir Worcestershire ir vėl sumaišykite.

c) Galiausiai supjaustykite alyvuoges mažais gabalėliais ir pridėkite prie mėsos kartu su susmulkintu mocarelos sūriu. Viską gerai išmaišyti.
d) Įkaitinkite orkaitę iki 400 F ir pradėkite formuoti kotletus. Iš viso gausite apie 20 kotletų. Padėkite juos ant folija padengto sausainių lakšto
e) Kepkite kotletus 16-20 minučių arba kol pagels
f) Patiekite su paprastomis špinatų salotomis ir apšlakstykite riebalų perteklių iš sausainių lakšto.

25. Įdaryti duonos „vyniotiniai"

Porcijos: 8

Ingridientai

- Duonos tešla
- ¾ puodelio špinatų
- ½ puodelio tarkuoto mocarelos sūrio
- ½ arbatinio šaukštelio džiovintų žolelių
- ½ arbatinio šaukštelio česnako miltelių
- ½ arbatinio šaukštelio baltųjų pipirų

- druskos pagardinti
- 1 šaukštas grietinėlės sūrio pasirinktinai

Kryptys

a) Tešlą supjaustykite į 8 vienodo dydžio dalis.

b) Susukite į rutuliukus, padėkite ant lengvai dulkėmis išteptos kepimo skardos ir atidėkite 30 minučių, kad sustingtų.

c) Kiekvieną rutulį delnais įspauskite į plokščią diską. Įdarus dėkite į tešlos centrą ir susukite, kad susidarytų cilindras.

d) Padėkite juos ant miltais pabarstytos keptuvės, atsargiai paskirstydami siūles į apačią, kad pakiltų dar 30 minučių.

e) Po patikrinimo įdėkite juos į malkinę orkaitę maždaug 20 minučių.

f) Leiskite atvėsti ir tada patiekite.

26. Keptas mėlynių prancūziškas skrebutis

Porcijos: 2

Ingridientai

- 8 gabaliukai šviežios viso grūdo duonos, supjaustytos
- 5 dideli kiaušiniai, išplakti
- 44 ml pieno
- 85 g klevų sirupo
- $\frac{1}{4}$ arbatinio šaukštelio jūros druskos
- $\frac{1}{2}$ arbatinio šaukštelio malto cinamono
- 125 g mėlynių
- 6 šaukštai alyvuogių aliejaus
- 8 šaukšteliai sviesto

Kryptys

a) Supilkite alyvuogių aliejų į didelę ketaus keptuvę ar lėkštę.

b) Dideliame maišymo inde sumaišykite kiaušinius, pieną, klevų sirupą, druską ir cinamoną.

c) Kiekvieną duonos riekelę pamerkite į padažą.

d) Įdėkite duoną į keptuvę ir 5–10 minučių pamerkite į kiaušinių mišinį.

e) Ant duonos viršaus uždėkite mėlynių.

f) Kepkite liekamojoje orkaitės kaitroje, kol kiaušinių plakinys susigers ir duona taps auksinės rudos spalvos.

g) Išimkite iš orkaitės ir apšlakstykite klevų sirupu bei sviestu.

27. Pekino antis

Porcijos: 4-6

Ingridientai

- 4½ svaro s. visa antis
- 2 šaukštai skysto medaus
- 1 valgomasis šaukštas Szechuan pipirų
- 1 valgomasis šaukštas jūros druskos
- 1 valgomasis šaukštas kiniškų penkių prieskonių miltelių
- 1 Valgomojo šaukštelio soda
- 6 svogūnai, grubiai pjaustyti
- 3½ uncijos šviežio imbiero, grubiai supjaustyto

Tarnauti

- Blynai
- 1 krūva laiškinių svogūnų
- ½ didelio agurko, supjaustyto plonais griežinėliais
- Hoisin padažas

Kryptys

a) Medumi įmasažuokite visą antį.

b) Grūstuvėje ir grūstuvėje sutrinkite Szechuan pipirus ir jūros druską iki rupių miltelių. Įmaišykite kiniškus penkių prieskonių miltelius ir kepimo miltelius.

c) Mišinį tolygiai paskirstykite ant anties, įmasažuodami į medaus odą.

d) Į ertmę įkimškite pusę svogūnų ir imbiero.

e) Kepkite 25–40 minučių karštoje malkinėje orkaitėje, iki pusės pasukite skardą, kad būtų tolygiai traškūs.

f) Įpusėjus kepimui, antį apverskite, kad ir apatinė pusė būtų traški.

28. Ugnyje keptas Chorizo Jalapeños

Porcijos: 4

Ingridientai

- 9 šviežios jalapenos
- ½ svaro chorizo, išvirti ir nusausinti
- 1 puodelis Chihuahua sūrio, susmulkintas
- 1 nedidelis svogūnas, susmulkintas
- 1 ryšelis kalendros, susmulkintos

Kryptys

a) Įkaitinkite lauko malkinę orkaitę iki 500 laipsnių pagal Farenheitą.

b) Nupjaukite kiekvieno jalapeno stiebo galus ir nedideliu šaukštu ar peiliu pašalinkite sėklas ir kremzles.

c) Sumaišykite likusius ingredientus ir įdarykite kiekvieną jalapeną.

d) Įdarytas paprikas dėkite ant grotelių, kurias galėsite naudoti orkaitėje.

e) Įdėkite lentyną į orkaitės angą.

f) Virkite 4 minutes prieš apversdami.

g) Toliau kepkite dar 4 minutes.

h) Išimkite iš orkaitės ir prieš patiekdami atidėkite atvėsti. Skanus!

29. Įdaryti pomidorai

Ingridientai

- 8 maži pomidorai arba 3 dideli
- 4 kietai virti kiaušiniai, atvėsinti ir nulupti
- 6 šaukštai Aioli arba majonezo
- Druskos ir pipirų
- 1 valgomasis šaukštas petražolių, kapotų
- 1 valgomasis šaukštas baltų džiūvėsėlių, jei naudojate didelius pomidorus

Nurodymai:

a) Pomidorus 10 sekundžių nulupę verdančio vandens puode, panardinkite į dubenį su lediniu arba itin šaltu vandeniu.

b) Nupjaukite pomidorų viršūnes. Arbatiniu šaukšteliu arba mažu aštriu peiliu nugramdykite sėklas ir vidų.

c) Dubenyje sutrinkite kiaušinius su Aioli (arba majonezu, jei naudojate), druska, pipirais ir petražolėmis.

d) Pomidorus įdarykite įdaru, stipriai prispauskite. Ant mažų pomidorų uždėkite dangtelius žaismingu kampu.

e) Užpildykite pomidorus iki viršaus, stipriai spauskite, kol jie bus lygūs. Prieš supjaustydami žiedais, naudodami aštrų drožimo peilį, palaikykite šaldytuve 1 valandą.

f) Papuoškite petražolėmis.

30. Ryžiais įdaryti pipirai

Porcijos: 4

Ingridientai:

- 1 svaras 2 uncijos trumpagrūdžiai ispaniški ryžiai, tokie kaip Bomba arba Calasparra
- 2-3 šaukštai alyvuogių aliejaus
- 4 dideli raudonieji pipirai
- 1 nedidelė raudonoji paprika, susmulkinta
- 1/2 svogūno, supjaustyto
- 1/2 pomidoro, nulupti ir supjaustyti
- 5 uncijos. maltos / pjaustytos kiaulienos arba 3 uncijos. druskos menkė
- Šafranas
- Susmulkintos šviežios petražolės
- Druska

Nurodymai:

a) Arbatiniu šaukšteliu nubraukite vidines plėveles, nupjovę paprikos stiebo galus ir išsaugoję jas kaip dangtelius, kad vėliau vėl įdėsite.

b) Įkaitinkite aliejų ir švelniai pakepinkite raudonąją papriką, kol ji suminkštės.

c) Pakepinkite svogūną, kol suminkštės, tada sudėkite mėsą ir lengvai paskrudinkite, po kelių minučių įdėkite pomidorą, tada suberkite virtus pipirus, žalius ryžius, šafraną ir petražoles. Pagardinkite druska pagal skonį.

d) Atsargiai pripildykite paprikas ir padėkite jas ant šonų ant orkaitei atsparaus indo, atsargiai, kad neišpiltų įdaras.

e) Kepkite patiekalą karštoje orkaitėje apie 1 1/2 valandos, uždengę.

f) Ryžiai virti pomidorų ir pipirų skysčiuose.

31. Įdarytos saldžiosios bulvės

PORCIJOS: 1

Ingridientai:

- 1 puodelis vandens
- 1 saldžioji bulvė
- 1 valgomasis šaukštas gryno klevų sirupo
- 1 valgomasis šaukštas migdolų sviesto
- 1 valgomasis šaukštas kapotų pekano riešutų
- 2 šaukštai mėlynių
- 1 arbatinis šaukštelis chia sėklų
- 1 arbatinis šaukštelis kario pastos

Nurodymai:

a) Į greitai paruošiamą puodą įpilkite puodelį vandens ir įpilkite garintuvo stovo.

b) Uždarykite dangtį ir padėkite saldžiąją bulvę ant grotelių, įsitikinkite, kad atleidimo vožtuvas yra tinkamoje padėtyje.

c) Rankiniu būdu 15 minučių pašildykite greitąjį puodą iki aukšto slėgio. Prireiks kelių minučių, kol slėgis padidės.

d) Išjungus laikmatį, leiskite slėgiui natūraliai kristi 10 minučių. Norėdami išleisti likusį slėgį, pasukite atleidimo vožtuvą.

e) Kai plūdinis vožtuvas nukris, išimkite saldžiąją bulvę atidarydami dangtį.

f) Kai saldžiosios bulvės pakankamai atvės, kad būtų galima tvarkyti, perpjaukite ją per pusę ir sutrinkite minkštimą šakute.

g) Pabarstykite pekano riešutais, mėlynėmis ir chia sėklomis, tada apšlakstykite klevų sirupu ir migdolų sviestu.

32. Mėtų krevečių kąsneliai

PORCIJOS: 16

Ingridientai:

- 2 šaukštai alyvuogių aliejaus
- 10 uncijų krevečių, virtų
- 1 valgomasis šaukštas mėtų, susmulkintų
- 2 šaukštai eritritolio
- 1/3 puodelio gervuogių, maltų
- 2 arbatiniai šaukšteliai kario miltelių
- 11 prosciutto griežinėlių
- 1/3 puodelio daržovių sultinio

Nurodymai:

a) Suvyniojus į prosciutto griežinėlius, kiekvieną krevetę apšlakstykite aliejumi.

b) Greitai paruoštame puode sumaišykite gervuoges, karį, mėtas, sultinį ir eritritolį, išmaišykite ir virkite 2 minutes ant silpnos ugnies.

c) Į puodą įdėkite garintuvo krepšelį ir suvyniotas krevetes, uždenkite ir virkite 2 minutes ant aukštos temperatūros.

d) Suvyniotas krevetes dėkite į lėkštę ir prieš patiekdami apšlakstykite mėtų padažu.

33. Rūkyta visa antis

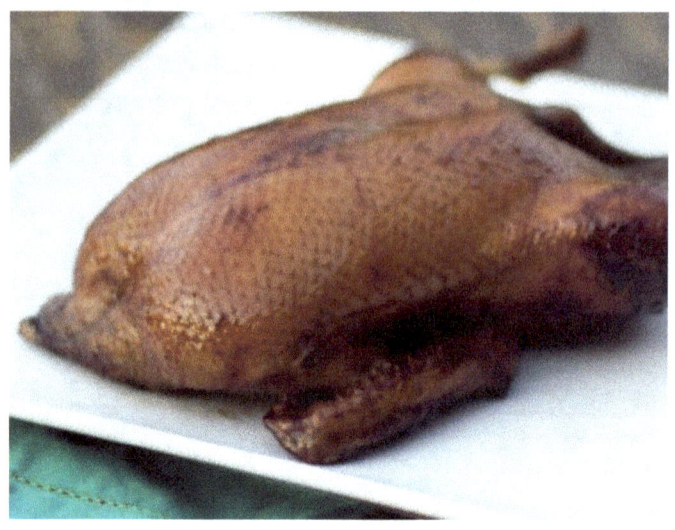

Ingridientai:

- 5 svarai visos anties (išvalytos nuo riebalų pertekliaus)
- 1 mažas svogūnas (supjaustytas ketvirčiais)
- 1 obuolys (supjaustytas)
- 1 apelsinas (ketvirčiai)
- 1 valgomasis šaukštas šviežiai pjaustytų petražolių
- 1 valgomasis šaukštas šviežiai pjaustytų šalavijų
- ½ arbatinio šaukštelio svogūnų miltelių
- 2 arbatiniai šaukšteliai rūkytos paprikos
- 1 arbatinis šaukštelis džiovintų itališkų prieskonių
- 1 valgomasis šaukštas džiovintų graikiškų prieskonių
- 1 arbatinis šaukštelis pipirų arba pagal skonį
- 1 arbatinis šaukštelis jūros druskos arba pagal skonį

Nurodymai:

a) Norėdami paruošti trintį, dubenyje sumaišykite svogūnų miltelius, pipirus, druską, itališkus prieskonius, graikiškus prieskonius ir papriką.

b) Į anties ertmę įdėkite apelsiną, svogūną ir obuolį. Į antį įdarykite ką tik kapotų petražolių ir šalavijų.
c) Visas anties puses gausiai pagardinkite trintuvu.
d) Ant grotelių padėkite antį.
e) Skrudinkite nuo 2 iki 21/2 valandos arba tol, kol anties oda paruduos ir šlaunies vidinė dūmų temperatūra pasieks 160 °F.

34. Ant grotelių kepta, įdaryta kiaulienos nugarinė

Išeiga: 1 porcija

Ingredientas

- 2 sveikos kiaulienos nugarinės; perpjauti pusiau ir drugeliais
- 1 puodelis Black Olive Tapenade
- Sūdytas geltonųjų pipirų padažas

Įtrinti

- ½ puodelio Ancho miltelių
- ⅓ puodelis alyvuogių aliejaus
- ⅓ puodelis paprika
- 1 arbatinis šaukštelis česnako; žalias kubeliais
- Druska
- Pipirai

Sūdytas geltonųjų pipirų padažas

- 2 geltonosios paprikos; kepta ant grotelių, sėjama
- ⅓ puodelis Ryžių vyno acto
- 6 puodeliai česnako; kepti ant grotelių

- 1 žiupsnelis šafrano iešmelių
- 1 valgomasis šaukštas medaus

Nurodymai:

a) Į kiaulienos nugarinės vidurį uždėkite ploną tapenado sluoksnį, susukite ir pagardinkite trintuvu. „Sear" keptuvėje įkaitinkite aliejų, kol beveik aprūks
b) Apkepkite kiaulienos nugarines iš visų pusių ir kepkite ant grotelių 3 minutes iš kiekvienos pusės.
c) Visus padažo ingredientus sumaišykite mikseriu iki vientisos masės.
d) Pagal skonį pagardinkite druska ir pipirais

35. Įdarytas kiaulienos vainiko kepsnys

Ingridientai:

- 12-14 šonkaulių
- Obuolių sidro actas - 2 šaukštai
- Obuolių sultys - 1 puodelis
- Dižono garstyčios - 2 šaukštai
- Druska - 1 arbatinis šaukštelis
- Rudasis cukrus - 1 valgomasis šaukštas
- Šviežiai pjaustyti čiobreliai - 2 valgomieji šaukštai
- Susmulkinto česnako skiltelės - 2
- Alyvuogių aliejus - ½ puodelio
- Stambiai malti pipirai - 1 arbatinis šaukštelis
- Mėgstamiausias įdaras – 8 puodeliai

Nurodymai:

a) Teptuku konditeriniu šepetėliu patepkite kepsnį marinatu.

b) Kepkite mėsą 30 minučių, tada sumažinkite kepsninės dūmų temperatūrą. Karūnėlę laisvai užpildykite įdaru ir supilkite ją viršuje.

c) Kruopščiai kepkite kiaulieną dar 90 minučių.

d) Išimkite kepsnį nuo grotelių. Palikite maždaug 15 minučių, kad mėsa susigertų visose sultyse. Nuimkite kaulus dengiančią foliją. Palikite mėsininko virvelę, kol būsite pasiruošę ją iškirpti.

36. Ţdaryta Porchetta

Ingridientai:

- 6 svarai kiaulienos pilvo, nupjauti riebalai
- 12 uncijų saulėje džiovintų pomidorų užtepas
- 2 puodeliai Giardiniera, Čikagos stiliaus
- 1 puodelis šoninės uogienės
- ½ puodelio sauso įtrinimo

Nurodymai:

a) Įkaitinkite rūkyklą iki 275 laipsnių F.
b) Tuo tarpu kiaulieną nuplaukite, išdžiovinkite ir iš visų pusių pagardinkite sausu įtrynimu, kol pasidengs tolygiai.
c) Pagardintą kiaulieną padėkite ant pjaustymo lentos arba švarios darbo vietos; ant viršaus užtepkite pomidorų užtepėlę, sluoksniuokite giardiniera ir pomidorų užtepėlę, tada susukite kiaulieną ir suriškite virtuviniais špagatais.
d) Padėkite įdarytą kiaulieną ant rūkymo grotelių, įstatykite mėsos termometrą, tada uždarykite dangčiu ir nustatykite laikmatį rūkyti 2-3 valandas ar ilgiau, kol mėsos termometras užfiksuos vidinę 195 laipsnių F dūmų temperatūrą.

e) Kai baigsite, perkelkite porchetta ant pjaustymo lentos, palikite 15 minučių pailsėti ir tada supjaustykite griežinėliais, kad galėtumėte patiekti.

37. Rūkyta krevetė tilapija

Ingridientai:

- 3 uncijos tilapijos filė (šviežios, išaugintos)
- 3/4 arbatinio šaukštelio paprikos (rūkyta)
- 1 valgomasis šaukštas aukščiausios kokybės pirmojo spaudimo alyvuogių
- 3/4 arbatinio šaukštelio jūros gėrybių prieskonių

Ingredientai krevečių įdarui:

- 1/2 svaro krevečių
- 1/2 puodelio džiūvėsėlių
- 1/2 Valgomojo šaukštelio sūdyto sviesto
- 3/4 arbatinio šaukštelio pipirų
- 1 kiaušinis (mažas, sumuštas)
- 1/4 puodelio majonezo
- 3/4 arbatinio šaukštelio petražolių (džiovintų)

Nurodymai:

a) Supilkite krevetes į virtuvinį kombainą, kad smulkiai supjaustytumėte
b) Didelėje keptuvėje ant vidutinės ir stiprios ugnies įkaitinkite alyvuoges, įpilkite sviesto ir jį ištirpinkite, suberkite svogūną ir pakepinkite, kol suminkštės.
c) Troškintą mišinį, krevetes ir likusius ingredientus sumaišykite dubenyje su dangteliu

d) Alyvuogių aliejumi ištepkite visas filė puses. Šaukštu prikimškite puikų įdarą kiekvienos filė gale.
e) Įdarą paskleiskite filė nugarinėje pusėje
f) Sulenkite tilapijos filė į dvi dalis ir tvirtai prilaikykite dantų krapštukais.
g) Skrudinkite filė 40 minučių

38. Avokadas, įdarytas rūkyta žuvimi

Išeiga: 4 porcijos

Ingredientas

- 4 kietai virti kiaušiniai
- $\frac{1}{4}$ puodelio Pieno
- $\frac{1}{4}$ puodelio pertrintų šviežių laimo sulčių
- $\frac{1}{4}$ arbatinio šaukštelio cukraus
- $\frac{1}{2}$ arbatinio šaukštelio druskos
- $\frac{1}{3}$ puodelis Augalinis aliejus
- 2 šaukštai alyvuogių aliejaus
- $\frac{1}{2}$ svaro rūkytos sykos
- 2 dideli prinokę avokadai
- 12 juostelių šviežios raudonosios paprikos

Nurodymai:

a) Giliame dubenyje šaukštu arba stalo šakute sutrinkite kiaušinių trynius ir pieną, kol susidarys vientisa pasta. Įpilkite 1 šaukštą laimo sulčių, cukraus ir druskos.

b) Tada įmuškite augalinį aliejų po arbatinį šaukštelį ar daugiau; Prieš pridėdami daugiau, įsitikinkite, kad kiekvienas priedas yra absorbuojamas. Nuolat plakdami po šaukštelius įpilkite alyvuogių aliejaus. Į padažą įmaišykite likusias laimo sultis ir paragaukite prieskonių.

c) Sumeskite žuvį į dubenį ir smulkiai supjaustykite šakute. Sudėkite susmulkintus kiaušinių baltymus ir padažą ir švelniai, bet kruopščiai išplakite.

d) Šaukštu supilkite žuvies mišinį į avokado puseles

39. Šoninė ir rūkytos austrės

Išeiga: 15 porcijų

Ingredientas

- 2 skardinės rūkytos austrės
- $\frac{1}{4}$ puodelio lengvo augalinio aliejaus
- $\frac{1}{2}$ svaro šoninės juostelių
- 40 Apvalių medinių dantų krapštukų
- 3 šaukštai česnako, malto

Nurodymai:

a) Šoninės juosteles supjaustykite trečdaliais.
b) Apvyniokite šoninės griežinėlį aplink kiekvieną austrę ir įkiškite dantų krapštuką, kad ji laikytųsi.
c) Vidutinėje keptuvėje įkaitinkite aliejų ir suberkite česnaką.
d) Apvyniotas austres kepkite aliejuje, kol šoninė taps traški.
e) Išimkite iš keptuvės ir nusausinkite ant popierinio rankšluosčio, kad nuvarvėtų.

40. Kepti kiaušiniai su rūkyta lašiša

Išeiga: 2 porcijos

Ingredientas

- 2 šaukštai Sviesto
- 3 šaukštai Minkšti duonos trupiniai
- 2 Kiaušiniai
- 1 skiltelė česnako; malta
- 2 uncijos grietinėlės sūrio
- 2 uncijos rūkytos lašišos; supjaustyti
- 2 uncijos Sharp čederio sūrio; tarkuotų
- 1 pomidoras; storai supjaustytas

Nurodymai:

a) Sviesto troškiniai. Ant kiekvieno dugno ir šonų įspauskite 2-3 arbatinius šaukštelius duonos trupinių. Likusius trupinius sumaišykite su 1 T sviesto, palikite atsargą. Į kiekvieną patiekalą įmuškite po kiaušinį. Česnaką sutrinkite su kreminiu sūriu ir švelniai uždėkite ant kiaušinių. Įdėkite rūkytos lašišos, pagal poreikį sulankstykite ilgas juosteles.

b) Lašišą pabarstykite tarkuotu čederiu. Ant kiekvieno patiekalo uždėkite 1 riebaus pomidoro griežinėlį (nuo pomidoro vidurio).

c) Ant kiekvieno patiekalo sutrupinkite pusę duonos trupinių ir kepkite 350 laipsnių orkaitėje 8-15 minučių, tada kepkite 2-3 minutes, kol viršus paruduos ir šiek tiek traškus. Patiekite iš karto.

41. Čekiški marinuoti dešrainiai

Ingridientai

- 5 kvapiųjų pipirų uogos
- 2 dideli džiovinti lauro lapai
- 1 didelė česnako skiltelė, susmulkinta
- 1 valgomasis šaukštas juodųjų pipirų
- 1 arbatinis šaukštelis raudonųjų pipirų dribsnių
- 1 svaras geros kokybės dešrainių
- 1 mažas geltonas svogūnas
- $\frac{3}{4}$ puodelio distiliuoto baltojo acto
- $\frac{1}{2}$ puodelio vandens
- 5 arbatinius šaukštelius cukraus
- 2 arbatiniai šaukšteliai košerinės druskos

Nurodymai:

a) Kvapiuosius pipirus, lauro lapus, česnaką, pipirų žirnelius ir pipirų dribsnius sudėkite į litrą konservų indelį.

b) Išimkite dešrainius iš pakuotės ir nusausinkite. Perpjaukite juos per pusę. Atsargiai perpjaukite išilgai kiekvieno dešrainio centro, būkite atsargūs, kad neįpjautumėte iki galo. Norite perpjauti šunį ir atidaryti kaip dešrainę, palikdami nepažeistus galiukus.

c) Dešrainius įdarykite žaliu svogūnu, stenkitės nenaudoti tiek daug svogūnų, kad jie suskiltų per pusę. Iškimštus šunis supakuokite į stiklainį kuo sandariau.
d) Nedideliame puode ant stiprios ugnies sumaišykite actą, vandenį, cukrų ir druską, maišykite, kad cukrus ir druska ištirptų. Kai sūrymas užvirs, nukelkite nuo ugnies ir užpilkite ant dešrainių, kad jie visiškai apsemtų. Uždenkite stiklainį ir leiskite jam visiškai atvėsti prieš perkeldami į šaldytuvą.
e) Nors dešrainius saugu valgyti bet kada, skoniams susijungti reikia 2 savaičių.

42. Šoninės ir svogūnų užtepėlė

Ingridientai

- 2 svarai slyvinių pomidorų
- 1 vidutinio geltonojo svogūno
- 2 šaukštai neutralaus aliejaus
- 1½ arbatinio šaukštelio košerinės druskos
- 9 uncijos šoninės
- 2 arbatinius šaukštelius rudojo cukraus
- 1 arbatinis šaukštelis džiovintų čiobrelių
- ½ arbatinio šaukštelio šviežiai maltų juodųjų pipirų
- 2 arbatinius šaukštelius obuolių sidro acto

Nurodymai:

a) Pomidorus ir svogūnus išdėliokite ant didelės kepimo skardos, tada apšlakstykite aliejumi ir ¾ arbatinio šaukštelio druskos. Viską paskleiskite vienu sluoksniu, pomidorus nupjauta puse į viršų. Skrudinkite nuo 1½ iki 2 valandų.

b) Virtuvės kombainu sumaišykite pomidorus, svogūnus, šoninę ir visas sultis iš kepimo skardos. Pulsuoja maišyti.

c) Įpilkite cukraus, čiobrelių, pipirų, acto ir likusius ¾ arbatinio šaukštelio druskos. Visiškai sumaišykite, kad mišinys būtų tepamas, bet šiek tiek stambus.

43. Čekiškas marinuotas sūris

Ingridientai

- 1 mažas geltonas svogūnas
- 1 valgomasis šaukštas neutralaus kepimo aliejaus
- 1½ arbatinio šaukštelio košerinės druskos
- 3 česnako skiltelės, smulkiai supjaustytos
- 8 uncijos Camembert arba Brie sūrio
- 2 arbatiniai šaukšteliai rūkytos paprikos
- 10 kadagio uogų
- 2 džiovinti lauro lapai
- 1 valgomasis šaukštas juodųjų pipirų
- Apie 7 šviežių čiobrelių šakelių
- 1-1½ puodelio aukščiausios kokybės pirmojo spaudimo alyvuogių aliejaus

Nurodymai:

a) Į aliejų suberkite svogūną ir druską ir pakepinkite svogūną, kol apskrus, 4-6 minutes. Įdėkite česnaką ir kepkite, dažnai maišydami.

b) Sūrio ratą aštriu peiliu supjaustykite į aštuonis pleištus. Pakelkite viršutinį vieno skiltelio sluoksnį ir šaukštu pabarstykite papriką tarp sūrio sluoksnių, tada šaukštu suberkite 2–3 arbatinius šaukštelius svogūnų.

c) Į litrą stiklainį sudėkite kadagio uogas, lauro lapus ir pipirų žirnelius. Čiobrelių šakeles prispauskite prie stiklainio šono. Įdarytą sūrį sukraukite į stiklainį, lengvai jį paspausdami, kad pakuotė būtų sandari. Alyvuogių aliejumi užpilkite indelyje esančias sausąsias medžiagas, kad jos visiškai apsemtų.

d) Stiklainį sandariai uždenkite ir atšaldykite. Kad skonis būtų geriausias, prieš valgydami palaukite 2 savaites.

44. Pekanais įdarytas rūkytas fazanas

Išeiga: 1 porcija

Ingredientas

- ¼ puodelio sviesto
- 1¼ puodelio sausų duonos trupinių
- ⅔ puodelis Stambiai skaldytos pekano mėsa
- po 2 rūkytų fazanų
- 2 šaukštai Miltų
- ¾ arbatinio šaukštelio druskos
- ¼ arbatinio šaukštelio pipirų
- ¼ puodelio sviesto
- 1½ puodelio karšto vandens
- ¼ puodelio šerio

Nurodymai:

a)Ištirpinkite 4 TBS sviestą ir supilkite ant duonos trupinių. Sudėkite pekano mėsą ir lengvai išmaišykite. Įdarykite fazanų ir paukščių mišinį. Sumaišykite miltus, druską ir pipirus ir lengvai pabarstykite fazanus. Sunkioje keptuvėje ištirpinkite kitus 4 TBS sviestą.

b) Apkepkite kiekvieną fazaną iš visų pusių ir perkelkite į kepimo skardą. Apkepusius paukščius įpilkite karšto vandens ir šerio. Uždenkite ir kepkite 350 laipsnių F temperatūroje 1 valandą.

c) Kas 15 minučių patepkite skysčiu. Nuimkite dangtelį ir toliau kepkite 20 minučių arba tol, kol paukščiai taps traškūs ir subręs.

d) Iškelkite paukščius į lėkštę ir laikykite karštai, kol tirštinkite lašinuką padažui.

45. Pekano riešutų rūkyta nugarinė

Išeiga: 1 porcija

Ingredientas

- 1 svaras kiaulienos nugarinės
- $\frac{1}{2}$ puodelio sojos padažo
- 2 skiltelės česnako - susmulkintos
- 1 valgomasis šaukštas tarkuoto šviežio imbiero
- 1 valgomasis šaukštas sezamo aliejaus
- $\frac{1}{4}$ puodelio medaus
- 2 šaukštai rudojo cukraus

Nurodymai:

a) Sumaišykite visus ingredientus purtyklėje ir suplakite kaip keksus. Man patinka naudoti visą šviežią imbierą, supjaustytą $\frac{1}{8}$-$\frac{1}{4}$ colio storio gabalėliais.

b) Užkurkite ugnį ir užsidėkite rūkomąsias malkas, man patinka pekano riešutas, bet naudokite tai, kas jums labiau patinka. Bet koks skonis turėtų būti geras.

c) Kepkite ant tiesioginės ugnies apie 5-8 min.

d) Būkite atsargūs, kad neišpiltumėte sulčių, kurios susikaups folijoje. Supilkite šias sultis ant nugarinės savo patiekimo lėkštėje.

46. Įdaryti baklažanai

Nurodymai:

a) Baklažanus nuplaukite. Iš vieno galo nupjaukite griežinėlį. Padarykite platų pjūvį ir pasūdykite. Pomidorai iš sėklų. Supjaustykite juos smulkiai.

b) Svogūnus supjaustykite plonais griežinėliais. Susmulkinkite česnako skilteles. Sudėkite juos į keptuvę su kokosų aliejumi.

c) Suberkite pomidorus, druską petražoles, kmynus, pipirus, aitriąją papriką ir maltą jautieną. Troškinkite 10 minučių.

d) Baklažanus išspauskite, kad karčios sultys išeitų. Užpildykite platų plyšį maltos jautienos mišiniu. Supilkite likusį mišinį. Tuo tarpu įkaitinkite orkaitę iki 375 F.

e) Sudėkite baklažanus į kepimo skardą. Apšlakstykite juos alyvuogių aliejumi, citrinos sultimis ir 1 stikline vandens.

f) Uždenkite keptuvę folija.

47. Įdaryti raudonieji pipirai su jautiena

Ingridientai

- 6 raudonos paprikos
- druskos pagal skonį
- 1 svaras maltos jautienos
- 1/3 puodelio susmulkinto svogūno
- druskos ir pipirų pagal skonį
- 2 puodeliai pjaustytų pomidorų
- 1/2 puodelio nevirtų rudųjų ryžių arba
- 1/2 stiklinės vandens
- 2 puodeliai pomidorų sriubos
- vandens pagal poreikį

Nurodymai:

a) Papriką pavirkite verdančiame vandenyje 5 minutes ir nusausinkite.

b) Į kiekvieną pipirą pabarstykite druskos ir atidėkite. Keptuvėje pakepinkite svogūnus ir jautieną, kol jautiena paruduos. Nusausinkite riebalų perteklių. Pagardinkite druska ir pipirais. Įmaišykite ryžius, pomidorus ir 1/2 puodelio vandens. Uždenkite ir troškinkite, kol ryžiai suminkštės. Nuimkite nuo ugnies. Įmaišykite sūrį.

c) Įkaitinkite orkaitę iki 350 laipsnių F. Kiekvieną pipirą įdarykite ryžių ir jautienos mišiniu. Sudėkite paprikas atvira puse į viršų į kepimo indą. Atskirame dubenyje pomidorų sriubą sumaišykite su tiek vandens, kad sriuba taptų padažo konsistencija.

d) Supilkite ant pipirų.

e) Kepkite uždengę 25-35 minutes.

48. Vištienos kepsnys su rozmarinais

Tarnauja 6-8

- 1 (3 svarai) visa vištiena, nuplaunama, nulupta
- druskos ir pipirų pagal skonį
- 1 svogūnas, supjaustytas ketvirčiais
- 1/4 puodelio kapotų rozmarinų

Nurodymai:

a) Įkaitinkite orkaitę iki 350 F. Pabarstykite mėsą druska ir pipirais. Įdaryti su svogūnais ir rozmarinais.

b) Dėkite į kepimo indą ir kepkite įkaitintoje orkaitėje, kol vištiena iškeps.

c) Priklausomai nuo paukščio dydžio, kepimo laikas skirsis.

49. Įdarytos sardinės

Ingredientas

- 14 didelių (arba 20 mažų sardinių)
- 14-20 šviežių lauro lapų
- 1 apelsinas, perpjautas per pusę išilgai, tada supjaustytas griežinėliais
- įdarui
- 50 g (2 uncijos) serbentų
- 4 šaukštai aukščiausios kokybės pirmojo spaudimo alyvuogių aliejaus
- 1 svogūnas, smulkiai pjaustytas
- 4 česnako skiltelės, smulkiai pjaustytos
- žiupsnelis susmulkintų džiovintų čili pipirų
- 75 g (3 uncijos) šviežių baltų džiūvėsėlių
- 2 valgomieji šaukštai šviežiai kapotų plokščialapių petražolių
- 15 g (½ uncijos) ančiuvių filė alyvuogių aliejuje, nusausinta
- 2 valgomieji šaukštai smulkių kaparėlių, susmulkintų
- ½ mažo apelsino žievelės ir apelsinų sulčių
- 25 g (1 uncijos) smulkiai tarkuoto pecorino arba parmezano
- 50 g (2 uncijos) pušies riešutų, lengvai paskrudintų

Nurodymai:

a) Įdarui serbentus užpilkite karštu vandeniu ir atidėkite 10 minučių, kad apskrustų. Keptuvėje įkaitinkite aliejų, suberkite svogūną, česnaką ir susmulkintą džiovintą čili ir švelniai pakepinkite 6–7 minutes, kol svogūnas suminkštės, bet neparus.

b) Nuimkite keptuvę nuo ugnies ir įmaišykite džiūvėsėlius, petražoles, ančiuvius, kaparėlius, apelsinų žievelę ir sultis, sūrį ir pušies riešutus.

c) Serbentus gerai nusausinkite ir išmaišykite, tada pagal skonį pagardinkite druska ir pipirais.

d) Supilkite maždaug 1,5 šaukšto įdaro išilgai kiekvienos sardinės galvos ir susukite jas link uodegos. Sandariai supakuokite juos į aliejumi pateptą negilią kepimo formą.

e) Žuvį lengvai pabarstykite druska ir pipirais, apšlakstykite dar trupučiu aliejaus ir kepkite 20 min. Patiekite kambario temperatūroje arba šaltą kaip antipasti asortimento dalį.

50. Skumbrė velniop

Tarnauja 4

Ingredientas

- 4 skumbrės, išvalytos ir apipjaustytos
- 40 g (1½ uncijos) sviesto
- 1 arbatinis šaukštelis cukraus pudros
- 1 arbatinis šaukštelis angliškų garstyčių miltelių
- 1 arbatinis šaukštelis kajeno pipirų
- 1 arbatinis šaukštelis paprikos
- 1 arbatinis šaukštelis maltos kalendros
- 2 valgomieji šaukštai raudonojo vyno acto
- 1 arbatinis šaukštelis šviežiai maltų pipirų
- 2 arbatinius šaukštelius druskos
- mėtų ir pomidorų salotoms
- 225 g (8 uncijos) mažų vynmedžių prinokusių pomidorų, supjaustytų griežinėliais
- 1 mažas svogūnas, perpjautas per pusę ir labai plonais griežinėliais
- 1 valgomasis šaukštas šviežiai kapotų mėtų
- 1 valgomasis šaukštas šviežių citrinų sulčių

Nurodymai:

a) Nedidelėje kepimo formoje ištirpinkite sviestą. Nukelkite nuo ugnies, įmaišykite cukrų, garstyčias, prieskonius, actą, pipirus, druską ir gerai išmaišykite. Sudėkite skumbrę į prieskoniais pagardintą sviestą ir vieną ar du kartus apverskite, kol gerai pasidengs mišiniu, šiek tiek paskleiskite ir kiekvienos žuvies ertmėje.

b) Perkelkite juos ant lengvai aliejumi pateptos kepimo skardos arba kepsninės grotelių ir kepkite ant grotelių po 4 minutes iš kiekvienos pusės, kol iškeps.

c) Tuo tarpu salotoms į keturias lėkštes išdėliokite griežinėliais pjaustytus pomidorus, svogūną ir mėtas, sluoksnius apšlakstykite citrinos sultimis ir prieskoniais. Kartu sudėkite virtą skumbrę ir patiekite, jei norite, su keptomis griežinėliais bulvėmis.

51. Braziliška dešra įdaryta uhu

Išeiga: 12 porcijų

Ingredientas

- 5 svarai Uhu (papūga žuvis)
- 1 pakelis karštos braziliškos dešros; supjaustyti
- Žaliųjų svogūnų baltymai; supjaustyti išilgai
- 3 skiltelės česnako; malta
- 2 arbatinių šaukštelių imbiero; tarkuotų
- Druska ir pipirai pagal skonį

Nurodymai:

a) Įkaitinkite orkaitę iki 450 laipsnių. Drugelinė žuvis iš nugaros ir kaulo.

b) Valykite žuvį kaip įprasta; kruopščiai nuplaukite ir nusausinkite. Druska ir pipirai žuviai pagal skonį. Sumaišykite braziliškos dešros griežinėlius, svogūnų baltymus, česnaką ir imbierą.

c) Įkiškite į žuvies ertmę, naudodami adatą ir siūlą, susiūkite, kad uždarytumėte

d) Uždėkite vieną lapą ant žuvies pusės blizgia puse į viršų ir suvyniokite į skardinę foliją. Sudėkite į kepimo skardą ir kepkite 1 valandą ir 15 minučių.

52. Tilapijos ir kavos įdaras

Ingredientas

- 2 beigeliai, supjaustyti mažais gabalėliais
- 1 paplotėlis, sulaužytas gabalėliais
- 1 kruasanas, sulaužytas gabalėliais
- $\frac{1}{4}$ mažo raudonojo svogūno, stambiai supjaustyto
- 1 vidutinio dydžio apelsinas, supjaustytas gabalėliais
- 4 dideli kiaušiniai
- Druska ir šviežiai malti juodieji pipirai
- 2 svarai tilapijos
- 1 citrina, supjaustyta ketvirčiais

Nurodymai:

a) Virtuvinio kombaino dubenyje 10-15 sekundžių plakite riestainių gabalėlius, paplotėlio gabalėlius, raguolius, svogūną, apelsino gabaliukus, kiaušinius, druską ir pipirus pagal skonį arba tol, kol ingredientai gerai susimaišys, bet neištrins. . Jums gali tekti tai padaryti dviem ar trimis partijomis. Įdarą atidėkite į dubenį.

b) Išdėliokite keturias atskiras folijos dalis. Ant kiekvienos uždėkite po vieną tilapijos gabalėlį ir ant kiekvienos filė uždėkite $\frac{1}{2}$ colio storio įdaro sluoksnį (sunaudosite apie $\frac{1}{2}$ puodelio kiekvieno). Ant kiekvieno iš jų išspauskite po citrinos ketvirtį. Gali likti įdaro likučių, kuriuos galima užšaldyti kitam naudojimui.

c) Suspauskite foliją viršuje. Padėkite folijos paketus ant grotelių ant stiprios ugnies. Virkite apie 10 minučių. Gali tekti patikrinti, ar įdaras gerai įkaitintas; jei ne, grįžkite ant grotelių (ir atsargiai apverskite) dar 4–5 minutes.

d) Išimkite iš kepsninės ir leiskite svečiams atidaryti paketus ir patiems išimti turinį, kad pristatymas būtų šventiškesnis.

53. Tofu įdaryti pipirai ant grotelių

Išeiga: 4 porcijos

Ingredientas

- 4 didelės žaliosios paprikos
- 1 didelio svogūno; kubeliais
- 3 skiltelės česnako; malta
- 12 uncijų tofu; subyrėjo
- 2 arbatinių šaukštelių alyvuogių aliejaus; gali padidėti trigubai
- 8 uncijos segmentuoti grybai
- 4 romų pomidorai
- 1 arbatinis šaukštelis malto šviežio mairūno
- ½ arbatinio šaukštelio druskos; ar daugiau pagal skonį
- 1 arbatinis šaukštelis Šviežias raudonėlis
- 1 valgomasis šaukštas sojos padažo
- 14 uncijų troškintų pomidorų
- 1 puodelis virtų rudųjų ryžių
- ½ stiklinės vandens
- Šviežiai malti juodieji pipirai
- Parmezano sūris; arba grietinės, neprivalomas garnyras

Nurodymai:

a) Tekstūruokite ir sutrupinkite tofu.
b) Tuo tarpu įkaitinkite „Blackstone" dujinį grilį iki vidutinio stiprumo arba įkaitinkite ugnį virdulio grilyje.

c) Mažu pjaustymo peiliuku nupjaukite žaliųjų paprikų viršūnes ir išskobkite visas sėklas bei vidinę plėvelę. Visas paprikas dėkite ant grotelių maždaug 5 minutėms, kas 2 minutes pasukite, kol lengvai apskrus, bet per daug nesuminkštės. Atidėkite atvėsti.

d) Didelėje keptuvėje ant viryklės arba (dujinėje) kepsninėje pakepinkite svogūną, česnaką ir tofu alyvuogių aliejuje maždaug 4-5 minutes. Sudėkite grybus, 3 kubeliais supjaustytus romų pomidorus, mairūną, druską ir raudonėlį. Kepkite dar 3-5 minutes

e) Įpilkite sojos padažo, troškintų pomidorų ir ryžių. Maišykite, kad sumaišytumėte; Išimkite nuo karščio.

f) Šiuo mišiniu užpildykite kiekvieną pipirą, švelniai stumdami žemyn šaukštu, kad būtų daugiau vietos įdarui. Likusį romų pomidorą supjaustykite ketvirčiais ir vieną ketvirtadalį įdėkite į kiekvieno pipiro viršų. Sudėkite paprikas į 2 litrų kepimo indą ir supilkite likusį pomidorų mišinį aplink paprikas. Įpilkite vandens ir juodųjų pipirų; uždenkite aliuminio folija.

g) Padėkite ant grotelių ir kepkite ant netiesioginės ugnies 20-25 minutes arba tol, kol paprika taps švelni šakute, bet ne minkšta. Šaukštu užpilkite papildomo padažo ant pipirų ir papuoškite patiekiant.

54. Ant grotelių kepti tofu kvadratėliai

Išeiga: 1 porcija

Ingredientas

- 1 pakelis keptų tofu kvadratėlių
- 1 agurkas
- 1 Morka
- Kai kurie pupelių daigai
- Ananasai: segmentuoti

Nurodymai:

a) Lengvai apkepkite tofu kvadratėlius, tada perpjaukite šonus ir įdarykite daržoves

55. Pesto įdarytos krevetės

GADA 4 porcijas

Ingredientas:

- 12 krevečių arba didžiulių (10-15)
- krevetės
- 1 jalapeno čili pipiras, be sėklų
- puodelis Cilantro Pesto
- 3 šaukštai kubeliais pjaustytų askaloninių česnakų
- 3 šaukštai alyvuogių aliejaus
- 1 nedidelė česnako skiltelė, susmulkinta
- 3 šaukštai kubeliais pjaustytos šviežios kalendros

Trynimas
- Guacamole vinaigrette:
- šaukštelio rupios druskos
- 2 avokadai, be kauliukų ir nulupti
- Žiupsnelis maltų juodųjų pipirų
- 1 didelio laimo puodelio aukščiausios kokybės pirmojo spaudimo alyvuogių aliejaus sultys
- 1 pomidoras, išskobtas ir smulkiai pjaustytas

Nurodymai:
a) Uždekite grilį, kad gautumėte tiesioginį vidutinį ir aukštą karštį, maždaug $425\frac{1}{4}$F
b) Krevetes perpjaukite išilgai nugarėlės, kad atsidarytų vidurys

c) Kiekvienos krevetės angą užpildykite maždaug ½-1 arbatiniu šaukšteliu pesto. Įdarytas krevetes aptepkite alyvuogių aliejumi.
d) Gvakamolės vinegretui: avokadą sutrinkite šakute vidutinio stiprumo inde. Įmaišykite likusį pagrindinį ingredientą. Atidėti.
e) Aptepkite grilio groteles ir patepkite aliejumi. Kepkite krevetes tiesiai ant ugnies, kol sutvirtės ir gražiai pasižymės ant grotelių, maždaug 4 minutes kiekvienoje pusėje.
f) Iškelkite į lėkštes ir apšlakstykite gvakamolės vinigretu.

56. Kepkite nachos

Ingridientai

- tarkuoto sūrio
- Pomidorai
- paruduota jautiena
- Salsa

Nurodymai:

a) Tiesiog išklokite keptuvę aliuminio folija ir suberkite nachos. Ant viršaus pridėkite ką tik norite,

b) Uždenkite ir keletą minučių padėkite ant vidutinės arba silpnos ugnies. Kai sūris išsilydys, nukelkite nuo ugnies ir patiekite.

57. Įdaryti ir ant grotelių kepti kukurūzų lukštai

Išeiga: 1 porcija

Ingridientai

- 4 didelės šviežios kukurūzų ausys
- 3 šaukštai šviežių laimo sulčių
- 1 česnako skiltelė, susmulkinta
- $\frac{1}{2}$ Jalapeno, smulkiai pjaustytų
- $\frac{1}{2}$ arbatinio šaukštelio maltų kmynų
- $\frac{1}{4}$ arbatinio šaukštelio Cayenne
- $\frac{1}{2}$ stiklinės alyvuogių aliejaus
- 2 didelės raudonos bulvės, virtos, nuluptos ir supjaustytos kubeliais
- 1 puodelis konservuotų juodųjų pupelių, nuplautų ir nusausintų
- $\frac{1}{2}$ raudonosios paprikos, supjaustytos kubeliais
- Druska ir šviežiai malti juodieji pipirai
- $\frac{1}{2}$ puodelio supakuotų kalendros lapelių
- 1 puodelis tarkuoto Monterey sūrio, neprivaloma

Nurodymai:

a) Lėtai išimkite kiekvienos kukurūzų varpos lukštus, stengdamiesi, kad nenuplėštumėte plačiausių lukštų. Pasirinkite 24 plačiausius lukštus ir atidėkite į šalį, uždenkite drėgnais popieriniais rankšluosčiais. 2 iš likusių lukštų supjaustykite į 8 ilgas juosteles ir uždenkite drėgnais popieriniais rankšluosčiais. Iš kiekvienos burbuolės išpjaukite kukurūzų branduolius ir pasilikite.
b) Dideliame inde suplakite laimo sultis, česnaką, jalapeno, kmynus ir kajeną
c) Lėtai srovele pilkite 6 šaukštus alyvuogių aliejaus, nuolat plakdami. Suberkite kukurūzus, bulves, juodąsias pupeles, raudonąją papriką ir pagardinkite druska bei pipirais, išmaišykite, kad susimaišytų ir apteptų padažu.
d) Paragaukite ir, jei reikia, pakoreguokite prieskonius. Sudėkite kalendros lapus, maišykite, kad sumaišytų.
e) Padėkite 2 kukurūzų lukštus įgaubta puse į viršų ant darbinio paviršiaus, per platesnius galus perdengdami juos 2 coliais
f) viduryje trečią luobelę ant viršaus iki dviejų pirmųjų lukštų. Ant lukštų vidurio išdėliokite apie ½ puodelio daržovių mišinio. uždenkite kukurūzų lukštų šonus aukštyn ir per įdarą, kad jis visiškai padengtų.
g) Abiejuose galuose suriškite kukurūzų lukštų juostele, kad pritvirtintumėte įdarą, suformuojant cigaro formos pakelį.

h) Padarykite daugiau pakelių tokiu pačiu būdu su likusiais ingredientais. Paketai gali būti pagaminti prieš 4 valandas.
i) Įkaitinkite Blackstone grilį arba grilio keptuvę.
j) Aptepkite pakelius likusiais 2 šaukštais alyvuogių aliejaus ir kiekvieną pakelį kepkite ant grotelių 6 minutes iš kiekvienos pusės, uždengę.
k) Jei norite, kiekvieną pakelį perpjaukite ir daržoves apibarstykite tarkuotu sūriu.
l) Grąžinkite pakelius ant grotelių arba kepkite ant grotelių, kol sūris išsilydys. Patiekite iš karto.

58. Obuolių desertų pakeliai

Ingridientai

- 12 didelių obuolių
- Razinos
- 3 šaukštai cukraus
- 3 šaukštai cinamono
- 3/4 puodelio sausainių mišinio

Nurodymai:

a) 1 obuolį nulupkite ir supjaustykite gana dideliais gabalėliais, jei norite, nulupkite. Sumaišykite 1 arbatinį šaukštelį. cukraus, kelių razinų ir cinamono pagal skonį su 1 valgomuoju šaukštu sausainių mišinio; įmaišykite į kubeliais pjaustytą obuolį. Suvyniokite į riebalais pateptos aliuminio folijos gabalėlį, palikdami pakankamai vietos garams.
b) Kepkite žarijose maždaug 30-45 minutes

59. Kepti įdaryti obuoliai

Ingridientai

- obuoliai
- razinų
- rudas cukrus
- riešutai
- cinamono

Nurodymai:

a) Išimkite obuolių šerdis, kad obuoliai būtų nepažeisti, o per vidurį būtų tarsi visas. Laikykite obuolių odeles. Venkite kištis per odą apačioje. Visus arba kai kuriuos likusius ingredientus sudėkite į obuolius be šerdies. Gerai sutankinkite ir kiekvieną visą obuolį įvyniokite į aliuminio foliją.

b) Mesti Į žarijas! Palaukite 8-10 minučių; pagaliuku iškočiokite nuo ugnies ir šiek tiek atvėsinkite. Patikrinkite, ar jis dar minkštas. Kai obuolys suminkštėja, viskas baigta. Valgyti.

60. Ant grotelių kepti įdaryti obuoliai

GADA 4 porcijas

Ingridientai

- 4 nedideli cipollini svogūnai, nulupti
- 3 didelės česnako skiltelės, paliktos odelės
- 1 valgomasis šaukštas alyvuogių aliejaus
- puodelis graikinių riešutų
- 6 uncijos birios saldžios itališkos dešros
- puodelio smulkiai pjaustyto saliero
- 4 arbatiniai šaukšteliai paukštienos trinties
- 4 dideli Gala, Rome ar kiti dideli kepami obuoliai
- 1 puodelis obuolių sidro
- 2 šaukštai graikinių riešutų likerio
- 1 valgomasis šaukštas sidro acto
- 1 valgomasis šaukštas kubeliais pjaustytų šviežių šalavijų

Nurodymai:

a) Svogūnus supjaustykite dalimis per jų pusiausvyrą, tada sumaišykite su nelupto česnaku ir aliejumi. Aptepkite grilio groteles ir patepkite aliejumi.

b) Kepkite svogūnus nupjauta puse žemyn ir neluptą česnaką tiesiai ant ugnies, kol svogūnai suminkštės ir česnakai apkeps dėmėmis, maždaug 5 minutes, vieną ar du kartus pasukdami. Išspauskite česnaką nuo odelių, tada supjaustykite kartu su svogūnais.

c) Tiesiai virš ugnies padėkite didelę ketaus kepsninę arba patvarią kepimo keptuvę. Suberkite graikinius riešutus ir skrudinkite iki kvapo, maždaug 5 minutes, retkarčiais pakratydami. Išimkite graikinius riešutus iš keptuvės ir susmulkinkite.
d) Įdėkite dešrą į keptuvę ir kepkite, kol viskas lengvai paruduos, 5-8 minutes, retkarčiais pamaišydami. Išimkite ir atidėkite į šalį. Į keptuvėje esančius lašinukus suberkite salierą ir virkite 4 minutes retkarčiais pamaišydami. Sudėkite svogūnus, česnaką, dešrą ir paukštienos trintą ir kepkite 1 minutę. Įdarą išgriebkite į indą.
e) Supjaustykite obuolius skersai ir iš kiekvienos dalies išimkite šerdį su meliono kamuoliuku. Sudėkite obuolius pjaustyta puse į viršų į groteles arba kepimo skardą. Kiekvienos frakcijos vidurį užpildykite dešrų mišiniu.
f) Sumaišykite obuolių sidrą, likerį, actą ir šalavijus ir užpilkite aplink ir ant obuolių. Uždenkite keptuvę dangčiu su dangčiu su dangčiu folija ir padėkite keptuvę ant grotelių toliau nuo karščio. Uždenkite dangčiu dangčiu su dangteliu griliu ir kepkite 20 minučių.
g) Išimkite foliją ir kepkite, kol obuoliai suminkštės, dar 15-20 minučių.
h) Prieš porciją leiskite atvėsti 10 minučių. apšlakstykite obuolius sidro sirupu iš keptuvės ir patiekite.

61. Krevetėmis įdaryti grybai

Ingridientai

- 20 didelių baltų grybų
- 1 (4 uncijos) skardinė mažų krevečių, nuplaukited
- 1/2 puodelio laiškinių česnakų ir svogūnų skonio kreminio sūrio
- 1/2 arbatinio šaukštelio Worcestershire padažas
- 1 žiupsnelis česnako miltelių arba pagal skonį
- 1 šlakelis Luizianos stiliaus karšto padažo
- 3/4 puodelio tarkuoto romano sūrio

Nurodymai:

a) Lengvai patepkite riebalais 9x13 colių kepimo formą. Užpildykite puodą vandens ir troškinkite grybų kepurėles ant vidutinės ugnies 2 minutes, kol grybai pradės minkštėti. Grybus išmeskite kiaurasamčiu, nusausinkite ir leiskite atvėsti, tuščiaviduriais šonais žemyn, keliais regeneruojamo formato rankšluosčiais apie 15 minučių.

b) Kol grybų kepurės vėsta, dubenyje sumaišykite krevetes, kreminį sūrį, Vusterio padažą, česnako miltelius ir karštą padažą ir išmaišykite, kad gerai susimaišytų.

c) Supilkite apie 2 arbatinius šaukštelius krevečių mišinio į kiekvieno grybo kepurėlę ir dėkite įdaromąja puse į viršų į paruoštą kepimo formą. Pabarstykite Romano sūriu ant kiekvieno grybo.
d) Įkaitinkite orkaitę iki 400 laipsnių F (200 laipsnių C). Atidenkite indą ir kepkite grybus įkaitintoje orkaitėje apie 15 min.

62. Mėlynuoju sūriu įdarytos krevetės

Ingridientai

- 3 uncijos grietinėlės sūrio, suminkštintas
- 2/3 puodelio maltų šviežių petražolių, padalintų
- 1/4 puodelio trupinto pelėsinio sūrio
- 1 arbatinis šaukštelis pjaustytų askaloninių česnakų
- 1/2 arbatinio šaukštelio kreolinių garstyčių
- 24 virtos krevetės, nuluptos ir ištrintos

Nurodymai:

a) Tik nedideliame dubenyje išplakite grietinėlės sūrį iki vientisos masės. Įmaišykite 1/3 puodelio petražolių, mėlynojo pelėsinio sūrio, askaloninių česnakų ir garstyčių. Šaldykite mažiausiai 1 valandą.

b) Išilgai kiekvienos krevetės kamieno padarykite gilų plyšį 1/4-1/2 colio atstumu nuo apačios. Įdaras su kreminio sūrio mišiniu; likusias petražoles įspauskite ant kreminio sūrio mišinio.

63. Pipiruota jūros gėrybių dešra

Ingridientai

- 1 svaras Žuvies filė
- ½ svaro krevetės ir (arba) šukutės,
- ½ puodelio supakuotų kalendros lapelių
- 4 dideli Kiaušinio baltymai
- 1 valgomasis šaukštas šviežių citrinų sulčių
- 2 arbatiniai šaukšteliai maltų kmynų
- 2 arbatiniai šaukšteliai druskos
- ¼ arbatinio šaukštelio maltų juodųjų pipirų
- 5 Pėdų šerno korpusas

Nurodymai:

a) Supjaustykite žuvį ilgomis juostelėmis; krevetės ir šukutės gali likti sveikos. Jūros gėrybes, jalapenus ir kalendrą perkiškite per stambius mėsmalės peiliukus. Dideliame dubenyje sumaišykite maltas jūros gėrybes su kiaušinių baltymais, citrinos sultimis, kmynais, druska ir pipirais.

b) Surinkite apvalkalą ant mėsmalės padažo piltuvo piltuvo priedo. Įdėkite jūros gėrybių mišinį atgal į trintuvą ir pradėkite jį pertrinti.

c) Susmulkinkite mišinį, neperkimšdami dešros ilgio.

d) Didelėje, sunkioje keptuvėje su dangčiu užvirinkite 1 coliu vandens. Aštriu peiliu 3 colių intervalais pradurkite dešrą. Prieš patiekdami 10 minučių padėkite ją į vos judantį vandenį.

64. Omarų dešra

Išeiga: 2 svarai

Ingridientai

- 4 pėdų maži šernų gaubtai
- 1½ svaro Baltosios žuvies filė, supjaustyta kubeliais
- ½ arbatinio šaukštelio Maltų garstyčių sėklų
- ½ arbatinio šaukštelio Maltos kalendros
- 1 arbatinis šaukštelis paprika
- 1 arbatinis šaukštelis Citrinų sultys
- ½ arbatinio šaukštelio baltųjų pipirų
- 1 kiaušinis, sumuštas
- ½ svaro Stambiai pjaustytas omaras met

Nurodymai:

a) Paruoškite apvalkalus. 3-4 kartus pertraukite žuvį į virtuvinį kombainą, kol sulaužys. Sudėkite garstyčias, kalendras, papriką, citrinos sultis, pipirus ir kiaušinį.
b) Apdorokite, kol susimaišys. Sudėkite mišinį į maišymo dubenį ir sudėkite omarų mėsą; gerai išmaišyti.
c) Uždarykite apvalkalus ir susukite į 3-4 colių jungtis.

65. Kepti įdaryti moliuskai

Išeiga: 3 porcijos

Ingridientai

- 1 skardinė Maltų moliuskų
- 1 lazdelė lydyto margarino
- 4 šaukštai moliuskų sultinio
- Žiupsnelis česnakinės druskos
- 3 puodeliai Ritz krekerių trupinių
- 1 valgomasis šaukštas šerio
- ½ arbatinio šaukštelio Vusterio padažo

Nurodymai:

a) Nusausinkite moliuskus, rezervuodami skystį.
b) Sumaišykite visus ingredientus ir įdarykite lukštus. Kepkite 350 laipsnių temperatūroje 15 minučių.
c) Jei lukštų neturite, kepkite nedidelėje kepimo formoje 20–25 minutes ir patiekite ant krekerių.

66. Poblanos su quinoa įdaru

Išeiga: 8 porcijos

Ingridientai

- 8 vidutinio dydžio Poblano pipirai
- 4 puodeliai mažai natrio vištienos sultinio
- 2 puodeliai quinoa
- 2 šaukštai alyvuogių aliejaus
- 3 Morkos; apipjaustyti ir supjaustyti kubeliais
- 1 vidutinio raudonojo svogūno; kubeliais
- 1 puodelis kapotų graikinių riešutų; skrudinta
- 2 šaukštai Šviežio raudonėlio; malta
- 6 uncijos minkšto ožkos sūrio; subyrėjo
- ½ arbatinio šaukštelio druskos
- ¼ arbatinio šaukštelio Šviežiai maltų pipirų
- Ancho čili padažas

Nurodymai:

a) Skrudinkite poblano ant dujų liepsnos. Vidutiniame puode užvirinkite sultinį, įpilkite quinoa, gerai išmaišykite ir sumažinkite ugnį, kol užvirs.
b) Įkaitinkite aliejų ir sudėkite morkas ir svogūnus; virėjas.

c) Morkų mišinį perkelkite į quinoa. Įmaišykite graikinius riešutus, raudonėlį, sūrį, druską ir pipirus. Kiekvieną pipirą užpildykite quinoa mišiniu; išdėlioti troškintuve. Paprikas pakaitinkite orkaitėje, kol sušils, o jų viršūnėlės šiek tiek apskrus, 20–30 minučių.

d) Pasigaminkite Ancho-Chile padažą. Norėdami patiekti, kiekvienoje lėkštėje išdėliokite po pipirą, apliekite padažu.

67. Kvinoja ir vaisių įdaras

Išeiga: 5 puodeliai

Ingridientai

- ¼ svaro pankolių kiaulienos dešra
- 1 didelis svogūnas (-ai), smulkiai pjaustytas
- 1 didelė česnako skiltelė (-ės), susmulkinta
- 1 didelis pyragas žalias obuolys
- 1 vidutinė Prinokusi kriaušė nulupta ir supjaustyta kubeliais
- 1 didelė Navel oranžinė
- ⅔ puodelis Džiovinti serbentai
- ⅔ puodelis Skrudinti graikiniai riešutai
- 1 valgomasis šaukštas čiobrelių lapelių
- 1 arbatinis šaukštelis Maltų kalendrų sėklų
- 3 puodeliai virtos quinoa

Nurodymai:

a) Didelėje keptuvėje ant vidutinės ugnies pakepinkite sutrupėjusią dešrą. Atidėti
b) Į tą pačią keptuvę sudėkite svogūnus ir česnakus ir pakepinkite. Įmaišykite obuolius ir kriaušes.

c) Apelsiną supjaustykite gabalėliais ir sudėkite į keptuvę su likusiais ingredientais, įskaitant rezervuotą dešrą. Išmaišykite, kad susimaišytų, tada virkite dar 2 minutes. Atidėkite atvėsti. Galima paruošti iš anksto ir šaldytuve

68. Kvinoja ir riešutų padažas

Išeiga: 1 porcija

Ingridientai

- $1\frac{1}{2}$ puodelio virtos quinoa
- 2 šaukštai graikinių arba pekano riešutų
- Smulkiai supjaustyta
- 2 šaukštai lazdyno riešutų
- 2 šaukštai pistacijų riešutų
- 2 mėtų lapai, susmulkinti
- ⅓ puodelis aukščiausios kokybės pirmojo spaudimo alyvuogių aliejaus
- 3 šaukštai citrinos sulčių
- 1 arbatinis šaukštelis juodųjų pipirų

Nurodymai:

a) Sumaišykite visus ingredientus maišymo dubenyje ir palikite stovėti, kol bus paruošta naudoti kaip įdarą ar garnyrą.

69. Kvinoja įdaryti pipirai

Išeiga: 5 porcijos

Ingridientai

- 1 puodelis quinoa, nuplauti ir išvirti
- 4 didelės arba 6 vidutinės žaliosios paprikos
- 1 vidutinio svogūno; kubeliais
- $\frac{1}{2}$ svaro šviežių grybų; supjaustyti
- 2 šaukštai Sviesto
- 28 uncijos konservuotų pomidorų
- 2 česnako skiltelės; sutraiškytas
- 12 uncijų salsos
- 2 šaukštai sauso šerio
- 10 uncijų Mozzarella sūrio

Nurodymai:

a) Garinkite žaliąsias paprikas, kol jos suminkštės, bet nesustings; atidėti.
b) Didelėje keptuvėje svieste pakepinkite svogūną ir grybus. Sudėkite pomidorus, česnako skilteles ir salsą. Virkite ant vidutinės ugnies 10 minučių. Pridėti šerio; troškinkite dar 10 minučių. Sulenkite quinoa.

c) Sudėkite pipirus į kepimo indą; užpildykite pipirus quinoa mišiniu. Tai užtruks apie pusę mišinio.
d) Likusią dalį praskieskite sultimis ir supilkite aplink pipirus. Pabarstykite sūriu ant pipirų. Kepkite 325 F temperatūroje

70. Quinoa brokoliai rabe

Išeiga: 5 porcijos

Ingridientai

- 1 puodelis quinoa
- 1 skardinė (14 1/2 uncijos) vištienos sultinio
- 2 šaukštai aukščiausios kokybės pirmojo spaudimo alyvuogių aliejaus
- ½ stiklinės susmulkinto svogūno
- 1 arbatinis šaukštelis susmulkinto česnako
- 1 didelė brokolių kekė
- ¼ arbatinio šaukštelio Susmulkinti
- ¼ arbatinio šaukštelio raudonųjų pipirų dribsnių

Nurodymai:

a) Paskrudinkite quinoa, maišydami, nelipnioje keptuvėje ant vidutinės-mažos ugnies, 5 minutes. Vidutiniame puode užvirinkite sultinį ir vandenį; įmaišykite quinoa.
b) Sumažinkite šilumą iki vidutinės-žemos; uždenkite ir troškinkite 12–15 minučių, kol skystis susigers ir quinoa suminkštės. Pūkuoti šakute ir perkelti į didelį dubenį; uždengti ir laikyti šiltai.
c) Didelėje nepridegančioje keptuvėje ant vidutinės-stiprios ugnies įkaitinkite aliejų.

Sudėkite svogūną ir česnaką; virkite 3 minutes. Įmaišykite brokolius, druską ir raudonuosius pipirus. Virkite, kol brokoliai suminkštės, 5–7 minutes. Sumaišykite daržoves į quinoa.

71. Kvinoja įdarytas moliūgas

Išeiga: 1 porcija

Ingridientai

- 6 mažos gilės moliūgai
- 6 puodeliai Vandens
- 1 puodelis virtų laukinių ryžių
- 1 puodelis quinoa, nuplauti ir išvirti
- 2 arbatiniai šaukšteliai Augalinis aliejus
- 4 žali svogūnai; susmulkinti
- ½ puodelio kapotų salierų
- 1 arbatinis šaukštelis džiovintų šalavijų
- ½ puodelio džiovintų spanguolių
- ⅓ puodelis Džiovinti abrikosai; susmulkinti
- ⅓ Susmulkinti pekano riešutai arba graikiniai riešutai
- ½ puodelio šviežių apelsinų sulčių; iki 3/4
- Druska pagal skonį

Nurodymai:

a) Skvošo puseles supjaustykite į apačią kepimo formoje arba kepimo skardoje. Kepkite, kol suminkštės, 25-30 minučių.

b) Didelėje gilioje keptuvėje ant vidutinės ugnies įkaitinkite aliejų. Sudėkite žalius svogūnus, salierus ir šalavijus. Suberkite džiovintus vaisius ir riešutus ir virkite, dažnai maišydami, kol įkais. Šakute sutrinkite kvinoją ir laukinius ryžius, tada abu sudėkite į keptuvę.
c) Supilkite apelsinų sultis ir maišykite, kol sušils. Pagardinkite druska

72. Kvinoja įdaryti svogūnai

Išeiga: 6 porcijos

Ingridientai:

- 12 vidutinių svogūnų; nulupti
- ½ puodelio quinoa; virti
- 1 puodelis; vandens
- ¼ arbatinio šaukštelio jūros druskos
- 2 česnako skiltelės; malta (pasirinkti)
- ½ puodelio grybų; pjaustytas
- ½ puodelio salierų; supjaustyti
- 2 šaukštai kukurūzų arba alyvuogių aliejaus
- ½ puodelio avinžirnių; virti
- 1 puodelis graikinių riešutų; skrudinta
- 2 arbatiniai šaukšteliai sojos padažo
- 2 arbatiniai šaukšteliai rudųjų ryžių acto

Nurodymai:

a) Išskleiskite svogūnų vidų su obuolių šerdimi, palikite dugną nepažeistą ir palikite vidų. Iškeptus svogūnus troškinkite, kol suminkštės, palikdami ¾ puodelio virimo skysčio.

b) Smulkiai supjaustykite rezervuotus svogūnus. Susmulkintus svogūnus, česnakus, grybus ir

salierą pakepinkite aliejuje 15 minučių arba kol suminkštės. Sumaišykite quinoa ir avinžirnius ir pakaitinkite (apie 5 minutes).
c) Svogūnus įdarykite quinoa mišiniu. Graikinius riešutus susmulkinkite virtuviniu kombainu, sumaišydami su sojos padažu ir actu, kad susidarytų kreminis mišinys. Sumaišykite rezervuotame virimo skystyje. Sudėkite mišinį į puodą ir nuolat maišydami kaitinkite. Supilkite įdarytus svogūnus, papuoškite ir patiekite.

73. Pomidorai, įdaryti quinoa

Išeiga: 4 porcijos

Ingridientai:

- 4 jautienos kepsnių pomidorai
- Druska
- 2 puodeliai virtos quinoa
- 2 Kirby (marinavimo) agurkai;
- ⅓ puodelis kapotų šviežių petražolių
- ⅓ puodelis Smulkintų šviežių mėtų
- 2 laiškiniai svogūnai; smulkiai supjaustyti
- ¼ puodelio sultinio
- 2 šaukštai šviežių laimo sulčių
- Švieži Jalapeno pipirai

Nurodymai:

a) Pasūdykite tuščiavidurių pomidorų vidų ir nusausinkite juos aukštyn kojomis ant grotelių. Dubenyje sumaišykite quinoa, agurkus, petražoles, žoleles ir laiškinius svogūnus. Iš sultinio, laimo sulčių, jalapeno pipirų paruoškite padažą ir sumaišykite su daržovėmis bei quinoa. Pagal skonį pagardinkite druska ir pipirais.
b) Įdarykite pomidorus salotomis ir kiekvienam patiekite po vieną pomidorą.

74. Anakardžių kepsnys su žolelių įdaru

Išeiga: 1 kepsnys

Ingridientai:

- 2 uncijos sviesto
- 1 didelio svogūno; supjaustyti
- 8 uncijos Neskrudinti anakardžių riešutai
- 4 uncijos baltos duonos; pašalintos plutos
- 2 didelės česnako skiltelės
- Druska ir šviežiai malti juodieji pipirai
- Tarkuoto muskato riešuto
- 1 valgomasis šaukštas citrinos sulčių
- 2 uncijos sviesto (arba margarino)
- 1 mažas svogūnas; tarkuotų
- ½ arbatinio šaukštelio čiobrelių
- ½ arbatinio šaukštelio mairūno
- 1 uncija petražolių; susmulkinti

Nurodymai:

a) Orkaitę nustatykite į 200 C/400 F/Gas Mark 6 ir išklokite 450 g/1 svaro kepimo formą ilga nepridegančio popieriaus juostele; naudokite šiek tiek sviesto, kad gerai išteptumėte skardą ir popierių. Vidutinio dydžio puode ištirpinkite didžiąją likusio sviesto dalį, suberkite svogūną ir pakepinkite apie 10 minučių, kol suminkštės, bet neparus. Nukelkite nuo ugnies.

b) Anakardžių riešutus susmulkinkite virtuviniu kombainu su duona ir česnaku ir suberkite į svogūną kartu su vandeniu arba sultiniu, druska, pipirais, tarkuotu muskato riešutu ir citrinos sultimis pagal skonį. Sumaišykite visus įdaro ingredientus.

75. Kiaušiniai, įdaryti nasturtomis

Išeiga: 2 porcijos

Ingridientai:

- 2 dideli kietai virti kiaušiniai
- 4 maži nasturtės lapai ir švelnūs stiebai; susmulkinti
- 2 Nasturtės žiedai; supjaustyti siauromis juostelėmis
- 1 šakelė Šviežios vyšnios; susmulkinti
- 1 šakelė šviežių itališkų petražolių; lapai smulkiai pjaustyti
- 1 žalio svogūno; balta ir šviesiai žalia dalis
- Pirmo spaudimo alyvuogių aliejus
- smulki jūros druska; paragauti
- Juodasis pipiras; rupios maltos, pagal skonį
- Nasturtės lapai ir nasturtės žiedai

Nurodymai:

a) Kietai virti kiaušinius verdančiame vandenyje, kol trynys sutvirtės, o ne ilgiau. Kiekvieną kiaušinį perpjaukite per pusę išilgai ir atsargiai išimkite trynį. Į nedidelį dubenį sudėkite trynius ir suberkite nasturtės lapus, stiebus ir žiedus bei susmulkintą vyšnią, petražoles ir žaliąjį svogūną. Sutrinkite šakute, įpilkite tiek alyvuogių aliejaus, kad susidarytų pasta. Pagal skonį pagardinkite jūros druska ir pipirais
b) Lengvai pasūdykite kiaušinių baltymus
c) Švelniai užpildykite ertmes trynio ir žolelių mišiniu. Ant viršaus suberkite šiek tiek pipirų. Lėkštėje išdėliokite nasturčių lapus, ant jų uždėkite įdarytus kiaušinius.
d) Papuoškite nasturtų žiedais.

76. Žolinė kukurūzų šukutė

Išeiga: 4 porcijos

Ingridientai:

- 2 Kiaušiniai
- 2 skardinės kreminių kukurūzų (2 svarai)
- $\frac{1}{2}$ puodelio Pieno
- 4 šaukštai lydyto margarino
- 2 šaukštai malto svogūno
- $\frac{1}{2}$ arbatinio šaukštelio druskos
- $\frac{1}{4}$ arbatinio šaukštelio pipirų
- 2 puodeliai Paruošto mišinio prieskoninių žolelių įdaro

Nurodymai:

a) Vidutiniame dubenyje šiek tiek išplakite kiaušinius, įmaišykite kukurūzus, pieną, sviestą, svogūną, druską ir pipirus. Šaukštą $\frac{1}{2}$ kukurūzų mišinio sudėkite į riebalais išteptą 8 puodelių kepimo indą; pabarstykite įdaru lygiu sluoksniu ant viršaus; šaukštu likusį kukurūzų mišinį ant įdaro

b) Kepkite 350 laipsnių temperatūroje 1 valandą arba tol, kol centras beveik sustings, bet vis tiek šiek tiek drėgnas

77. Fataya

Ingridientai:

Tešlai:
- 400 g miltų
- 1 C. Sriubos aliejus
- 1 kiaušinis, druska ir pipirai

Įdarui:
- 200 g grupinis
- 1 svogūnas
- 2 skiltelės česnako
- 1 žuvies sultinys
- Druska
- pipirų
- 1 b. Pomidorų koncentratas
- 1 pomidoras
- 2 svogūnai
- actas
- Kubas Maggi
- Česnakai
- Čilė

Nurodymai:

a) Apsvarstykite galimybę paruošti pastą likus dviem valandoms iki pastelių.

b) Dubenyje sumaišykite miltus, druską, kiaušinius, aliejų ir vandenį. Leiskite pastovėti 2-3 valandas.
c) Minkykite tešlą ir paskleiskite mažais diskeliais
d) Nuimkite odą ir supjaustykite žuvį. Puode žemės riešutų aliejuje apkepkite žuvį su svogūnais, petražolėmis, žuvimi ir smulkintu česnaku. Įberkite druskos ir pipirų. Įberkite stambiai pjaustytų pipirų.
e) Keptuvėje aliejuje pakepinkite pomidorų koncentratą ir stambiai pjaustytus pomidorus su svogūnu, česnaku ir kapotomis petražolėmis. Įpilkite pipirų prieskonių, kubelio ir šiek tiek vandens. Švelniai išmaišykite, pradėkite ragauti.
f) Užpildykite tešlos skrituliukus, perlenkite po 2 ir sutrinkite kraštus šakute. Pasteles keletą minučių pakepinkite aliejaus vonelėje.

78. Pūkuoti Akaros kamuoliukai

Ingridientai

- 2 puodeliai juodųjų žirnelių arba pupelių (išvalytų, nuluptų ir pamirkytų 1-2 val.)
- 1 habanero pipiras
- 1 didelis svogūnas (supjaustytas maišymui)
- Druska arba sultinio milteliai pagal skonį.
- 3/4 puodelio vandens
- 3 puodeliai kepimo aliejaus (skrudinimui)

Kryptys

a) Išmirkytas pupeles perkelkite į maišytuvą, suberkite svogūną, pipirus ir 3/4 puodelio vandens. Ištrinkite iki vientisos masės. Perkelkite tešlą į stovo maišytuvo dubenį su pritvirtintu plakikliu.
b) Įpilkite druskos, tada plakite tešlą apie 6 minutes, kad į mišinį patektų oro.
c) Kol plakate tešlą, įkaitinkite aliejų kepimui.
d) Kai aliejus bus karštas, tešlą įdėkite į aliejų ranka, stenkitės, kad pirštai nepaliestų karšto aliejaus.
e) Kepkite iki auksinės rudos spalvos. Nepamirškite apversti „Akara" į kitą pusę, kad „Akara" rutuliukai tolygiai paruduotų.

f) Perkelkite į kepimo krepšį, išklotą virtuviniu popieriniu rankšluosčiu, kad susigertų aliejaus perteklius.

79. Moliuskų įdaryti grybų kepurės

Ingridientai:

- 1/2 c sviesto
- 2 lb. Grybai, nuo 1-1/2" iki 2" skersmens
- 1 c Susmulkintų moliuskų, su skysčiu
- 1 skiltelė česnako, susmulkinta
- 1/2 c Džiovintų duonos trupinių
- 1/3 c Susmulkintų petražolių
- 3/4 arbatinio šaukštelio druskos
- 1/4 arbatinio šaukštelio maltų juodųjų pipirų
- Citrinos sulčių

Nurodymai:

a) Keptuvėje ištirpinkite sviestą.

b) Išimkite ir supjaustykite grybų stiebus. Grybų kepures pamerkite į sviestą ir suapvalinta puse žemyn padėkite ant grotelių ant sausainių skardos.

c) Nusausinkite moliuskus ir rezervuokite skystį.

d) Lydytame svieste pakepinkite grybų stiebą ir česnaką. Įpilkite moliuskų skysčio ir troškinkite, kol grybų stiebai suminkštės. Nukelkite nuo ugnies ir įmaišykite duonos trupinius, petražoles, druską ir pipirus.

e) Supilkite mišinį į grybų kepures. Kepkite apie 6 colius nuo ugnies apie 8 minutes, kol grybai suminkštės, o viršus švelniai paruduos. Kiekvieną užlašinkite kelis lašus citrinos sulčių ir patiekite karštą.

80. Estragonų ėriena

Ingridientai:

- 4 kg ėriuko koja
- 1 jo peletrūnas
- 1 valgomasis šaukštas aliejaus
- 1 svogūnas, supjaustytas
- 1 1/4 c sauso baltojo vyno
- 1 x druskos ir pipirų pagal skonį
- 2/3 c grietinėlės

Nurodymai:

a) Nulupkite ėriuko koją ir pašalinkite visus išorinius riebalus.
b) Minkštimą giliai pabarstykite kryžminiu raštu ir įpjaustykite estragonu. Mėsą įtrinkite aliejumi ir apibarstykite svogūnu.
c) Sudėkite į marinavimui tinkamą indą ir užpilkite baltuoju vynu.
d) Įberkite druskos ir pipirų pagal skonį ir marinuokite apie 2 valandas, retkarčiais pabarstydami.
e) Kepkite ėriuką su marinatu 325 laipsnių F. temperatūroje, kol iškeps; dažnai šluostyti.
f) Dešimt minučių iki mėsos kepimo pabaigos marinatą ir mėsos sultis supilkite į puodą.
g) Sumažinkite padažą iki pusės pradinio kiekio, stipriai virdami.

h) Mėsą supjaustykite plonais griežinėliais ir supilkite sultis iš mėsos į marinatą.

i) Mėsą išdėliokite ant serviravimo indo ir laikykite šiltai.

j) Padažą nukelkite nuo ugnies, įmaišykite grietinėlę ir lėtai kaitinkite, kol susidarys vidutinio tirštumo konsistencija. Padažą užpilkite ant avienos ir laikykite šiltai, kol paruošite patiekti.

81. Kornvalio žaidimo višta su Kasha įdaru

Ingridientai:

- 2 Roko Kornvalio medžiojamos vištos
- 1/2 citrinos
- Druskos ir pipirų
- 4 juostelės šoninės
- 3/4 puodelio raudonojo vyno

Kasha įdaras:

- 1 stiklinės grikių kruopų
- 1 kiaušinis (šiek tiek pamuštas)
- 3 juostelės šoninės (supjaustytos gabalėliais)
- 2 šaukštai sviesto
- 1 vidutinis svogūnas (supjaustytas)
- 1 skiltelė česnako (smulkinta)
- 1/2 žaliosios paprikos (smulkintos)
- 1/4 svaro grybų (smulkintų)
- 1 arbatinis šaukštelis raudonėlio
- 1/2 arbatinio šaukštelio šalavijų
- Druska ir pipirai pagal skonį

Nurodymai:

a) Paukščius iš vidaus ir išorės įtrinkite citrina ir gerai pabarstykite druska bei šviežiai maltais pipirais.
b) Įkaitinkite orkaitę (450 laipsnių F.).

c) Užpildykite ertmes Kasha įdaru. Uždarykite angą vėrinukais.
d) Padėkite paukščius krūtine į viršų ant grotelių atviroje kepimo skardoje ir apibarstykite krūtine šonine. Atvėsinkite 15 minučių.
e) Sumažinkite šilumą iki 325 laipsnių F ir įpilkite raudonojo vyno. Kepkite 35–40 minučių, dažnai pabarstydami (jei įmanoma, kas 15 minučių); jei reikia, įpilkite daugiau vyno.
f) Kasha įdarui:
g) Kruopas sumaišykite su plaktu kiaušiniu; dedame į keptuvę ant stiprios ugnies. Nuolat maišykite, kol atsiskirs grūdeliai, tada įpilkite verdančio vandens.
h) Uždenkite keptuvę, sumažinkite šilumą ir troškinkite 30 minučių.
i) Tuo tarpu kitoje didelėje keptuvėje apkepkite šoninę.
j) Kai šoninė lengvai apskrus, nustumkite į vieną pusę ir sudėkite sviestą.
k) Leiskite šiam susmulkinti ir pridėkite svogūnų, česnakų, žaliųjų pipirų ir grybų; nuolat maišykite.
l) Įpilkite raudonėlio, šalavijų, druskos ir pipirų. Sumažinkite ugnį ir suberkite virtas kruopas. Gerai išmaišykite, sureguliuokite prieskonius ir nukelkite nuo ugnies.

m) Kasha dažnai vadinama grikių kruopomis. Jis gaminamas iš grikių grūdų ir skrudinamas, todėl suteikia skanų riešutų skonį.

82. Įdarytas Seitano kepsnys

Ingridientai:

- 1Pagrindinis Simmered Seitan, termiškai neapdorotas
- 1 valgomasis šaukštas alyvuogių aliejaus
- 1 mažas geltonas svogūnas, susmulkintas
- 1 saliero šonkaulis, susmulkintas
- 1/2 arbatinio šaukštelio džiovintų čiobrelių
- 1/2 arbatinio šaukštelio džiovinto šalavijo
- 1/2 puodelio vandens arba daugiau, jei reikia
- Druska ir šviežiai malti juodieji pipirai
- 2 puodeliai šviežios duonos kubelių
- 1/4 puodelio maltų šviežių petražolių

Nurodymai:

a) Neapdorotą seitaną padėkite ant lengvai miltais pabarstyto darbinio paviršiaus ir lengvai miltais pabarstytomis rankomis ištempkite, kol jis taps plokščias ir maždaug 1/2 colio storio.

b) Padėkite išlygintą seitaną tarp dviejų plastikinės plėvelės arba pergamentinio popieriaus lapų. Kočėlu kuo labiau išlyginkite (jis bus elastingas ir atsparus). Ant viršaus uždėkite kepimo skardą, pasvertą galonu vandens arba konservuotų produktų, ir leiskite pailsėti, kol gaminsite įdarą.

c) Didelėje keptuvėje ant vidutinės ugnies įkaitinkite aliejų. Sudėkite svogūną ir salierą. Uždenkite ir virkite, kol suminkštės, 10 minučių. Įmaišykite čiobrelius, šalavijus, vandenį, pagal skonį druskos ir pipirų.

d) Nukelkite nuo ugnies ir atidėkite į šalį. Duoną ir petražoles sudėkite į didelį maišymo dubenį. Įpilkite svogūnų mišinio ir gerai išmaišykite, jei įdaras per sausas, įpilkite šiek tiek daugiau vandens. Paragaukite, jei reikia pakoreguokite prieskonius. jei būtina. Atidėti.

e) Įkaitinkite orkaitę iki 350 ° F. Lengvai patepkite aliejumi 9 x 13 colių kepimo skardą ir atidėkite į šalį. Suplotą seitaną kočėlu iškočiokite iki maždaug 1/4 colio storio. Įdarą paskleiskite ant seitano paviršiaus ir atsargiai bei tolygiai susukite. Į paruoštą kepimo skardą dėkite kepsnio siūle žemyn. Kepsnio viršų ir šonus patepkite trupučiu aliejaus ir kepkite uždengę 45 minutes, tada atidenkite ir kepkite iki tvirtos ir blizgios rudos spalvos, maždaug 15 minučių ilgiau.

f) Išimkite iš orkaitės ir prieš pjaustydami atidėkite 10 minučių. Dantytu peiliu supjaustykite jį 1/2 colio griežinėliais.

83. Seitan En Croute

Padaro 4 porcijas

Ingridientai:

- 1 valgomasis šaukštas alyvuogių aliejaus
- 2 vidutiniai askaloniniai česnakai, susmulkinti
- uncijų baltųjų grybų, maltų
- ¹/4 puodelio Madeiros
- 1 valgomasis šaukštas maltų šviežių petražolių
- ¹/2 arbatinio šaukštelio džiovintų čiobrelių
- ¹/2 arbatinio šaukštelio džiovintų pikantiškų
- 1 puodelis smulkiai pjaustytų sausos duonos kubelių
- Druska ir šviežiai malti juodieji pipirai
- 1 šaldytas sluoksniuotos tešlos lakštas, atšildytas
- (1/4 colio storio) seitano griežinėliai

Nurodymai:

a) Didelėje keptuvėje ant vidutinės ugnies įkaitinkite aliejų. Sudėkite askaloninius česnakus ir kepkite, kol suminkštės, apie 3 minutes. Sudėkite grybus ir kepkite, retkarčiais pamaišydami, kol grybai suminkštės, maždaug 5 minutes.

b) Įpilkite Madiera, petražolių, čiobrelių ir pikantiškų prieskonių ir virkite, kol skystis beveik išgaruos. Įmaišykite duonos kubelius ir pagal skonį pagardinkite druska ir pipirais. Atidėkite atvėsti.

c) Sluoksniuotos tešlos lakštą padėkite ant didelio plastikinės plėvelės gabalo ant lygaus darbinio paviršiaus. Ant viršaus uždėkite kitą plastikinės plėvelės gabalėlį ir kočėlu šiek tiek iškočiokite tešlą, kad ji išsilygintų. Tešlą supjaustykite ketvirčiais. Į kiekvieno pyrago gabalo centrą įdėkite po 1 seitano gabalėlį.

d) Padalinkite įdarą tarp jų, paskleiskite, kad padengtumėte seitaną. Ant kiekvieno iš viršaus uždėkite likusių seitano griežinėlių. Sulenkite tešlą, kad padengtumėte įdarą, pirštais užspauskite kraštus, kad užsandarintumėte. Tešlos pakuotes, siūlėmis žemyn, dėkite ant didelės neteptos kepimo skardos ir 30 minučių šaldykite.

e) Įkaitinkite orkaitę iki 400°F. Kepkite, kol pluta taps auksinės rudos spalvos, apie 20 minučių.

f) Patiekite iš karto.

84. Tofu įdaryti krevetėmis

Ingridientai:

- ½ svaro tvirto tofu
- 2 uncijos virtų krevečių, nuluptų ir nuluptų
- ⅛ šaukštelio druskos
- Pipirų pagal skonį
- ¼ arbatinio šaukštelio kukurūzų krakmolo
- ½ puodelio vištienos sultinio
- ½ arbatinio šaukštelio kiniško ryžių vyno arba sauso šerio
- ¼ puodelio vandens
- 2 šaukštai austrių padažo
- 2 šaukštai aliejaus kepimui
- 1 žalias svogūnas, supjaustytas 1 colio gabalėliais

Nurodymai:

a) Nusausinkite tofu. Nuplaukite krevetes ir nusausinkite popieriniais rankšluosčiais. Marinuokite krevetes druskoje, pipiruose ir kukurūzų krakmole 15 minučių.

b) Laikydami pjaustyklę lygiagrečiai pjaustymo lentai, perpjaukite tofu per pusę išilgai. Kiekvieną pusę supjaustykite į 2 trikampius, tada kiekvieną trikampį supjaustykite į dar 2 trikampius. Dabar turėtumėte turėti 8 trikampius.

c) Vienoje tofu pusėje išilgai įpjaukite pjūvį. Į plyšį įkiškite ¼–½ arbatinio šaukštelio krevečių.

d) Į įkaitintą wok arba keptuvę įpilkite aliejaus. Kai aliejus įkaista, įpilkite tofu. Kepkite tofu apie 3–4 minutes, bent kartą apversdami ir įsitikindami, kad jis neprilips prie wok dugno. Jei turite krevečių likučių, įdėkite jas paskutinę kepimo minutę.

e) Į wok keptuvės vidurį įpilkite vištienos sultinio, Konjac ryžių vyno, vandens ir austrių padažo. Užvirinkite. Sumažinkite ugnį, uždenkite ir troškinkite 5–6 minutes. Įmaišykite žalią svogūną. Patiekite karštą.

85. Kiaulienos įdaryti tofu trikampiai

Ingridientai:

- ½ svaro tvirto tofu
- ¼ svaro maltos kiaulienos
- ⅛ šaukštelio druskos
- Pipirų pagal skonį
- ½ arbatinio šaukštelio kiniško ryžių vyno arba sauso šerio
- ½ puodelio vištienos sultinio
- ¼ puodelio vandens
- 2 šaukštai austrių padažo
- 2 šaukštai aliejaus kepimui
- 1 žalias svogūnas, supjaustytas 1 colio gabalėliais

Nurodymai:

a) Nusausinkite tofu. Sudėkite maltą kiaulieną į vidutinį dubenį. Įpilkite druskos, pipirų ir Konjac ryžių vyno. Marinuokite kiaulieną 15 minučių.

b) Laikydami pjaustyklę lygiagrečiai pjaustymo lentai, perpjaukite tofu per pusę išilgai. Kiekvieną pusę supjaustykite į 2 trikampius, tada kiekvieną trikampį supjaustykite į dar 2 trikampius. Dabar turėtumėte turėti 8 trikampius.

c) Išilgai kiekvieno tofu trikampio kraštų išpjaukite pjūvį. Į plyšį įkiškite kupiną $\frac{1}{4}$ arbatinio šaukštelio maltos kiaulienos.
d) Į įkaitintą wok arba keptuvę įpilkite aliejaus. Kai aliejus įkaista, įpilkite tofu. Jei liko maltos kiaulienos, pridėkite ir ją. Kepkite tofu apie 3–4 minutes, bent kartą apversdami ir įsitikindami, kad jis neprilips prie wok dugno.
e) Į wok keptuvės vidurį įpilkite vištienos sultinio, vandens ir austrių padažo. Užvirinkite. Sumažinkite ugnį, uždenkite ir troškinkite 5–6 minutes. Įmaišykite žalią svogūną. Patiekite karštą.

86. Tofu įdaryti vandens rėžiukais

Padaro 4 porcijas

Ingridientai:

- 1 svaras ypač tvirto tofu, nusausintas, supjaustytas ¾ colio griežinėliais ir suspaustas (žr.Lengvas daržovių sultinys)
- Druska ir šviežiai malti juodieji pipirai
- 1 maža kekė rėžiukų, kieti stiebai pašalinti ir susmulkinti
- 2 prinokę slyviniai pomidorai, susmulkinti
- 1/2 puodelio maltų žaliųjų svogūnų
- 2 šaukštai maltų šviežių petražolių
- 2 šaukštai malto šviežio baziliko
- 1 arbatinis šaukštelis malto česnako
- 2 šaukštai alyvuogių aliejaus
- 1 valgomasis šaukštas balzamiko acto
- Žiupsnelis cukraus
- 1/2 stiklinės universalių miltų
- 1/2 stiklinės vandens
- 11/2 stiklinės sausų nepagardintų duonos trupinių

Nurodymai:

a) Kiekvienos tofu riekelės šone išpjaukite ilgą gilią kišenę ir padėkite tofu ant kepimo skardos. Pagardinkite druska ir pipirais pagal skonį ir atidėkite.
b) Dideliame dubenyje sumaišykite rėžiukus, pomidorus, žaliuosius svogūnus, petražoles, bazilikus, česnaką, 2 šaukštus aliejaus, actą, cukrų, pagal skonį druskos ir pipirų. Maišykite, kol gerai susimaišys, tada atsargiai įdėkite mišinį į tofu kišenes.
c) Miltus suberkite į negilų dubenį. Supilkite vandenį į atskirą negilų dubenį. Į didelę lėkštę sudėkite duonos trupinius. Supilkite tofu į miltus, tada atsargiai panardinkite į vandenį, o po to suberkite į duonos trupinius, gerai padenkite.
d) Didelėje keptuvėje ant vidutinės ugnies įkaitinkite likusius 2 šaukštus aliejaus. Į keptuvę supilkite įdarytą tofu ir kepkite iki auksinės rudos spalvos, vieną kartą apversdami po 4–5 minutes iš kiekvienos pusės. Patiekite iš karto.

87. Manicotti špinatai

Padaro 4 porcijas

Ingridientai:

- 12 manikotų
- 1 valgomasis šaukštas alyvuogių aliejaus
- 2 vidutiniai askaloniniai česnakai, supjaustyti
- 1 (10 uncijų) pakuotė šaldytų kapotų špinatų, atšildytų
- 1 svaras itin tvirto tofu, nusausintas ir sutrupintas
- 1/4 arbatinio šaukštelio malto muskato riešuto
- Druska ir šviežiai malti juodieji pipirai
- 1 puodelis skrudintų graikinių riešutų gabalėlių
- 1 puodelis minkšto tofu, nusausintas ir sutrupintas
- 1/4 puodelio maistinių mielių
- 2 puodeliai paprasto nesaldinto sojų pieno
- 1 puodelis sausų duonos trupinių

Nurodymai:

a) Įkaitinkite orkaitę iki 350 ° F. Lengvai patepkite aliejumi 9 x 13 colių kepimo indą. Puode su verdančiu pasūdytu vandeniu manicotti virkite ant vidutinės ir stiprios ugnies, retkarčiais pamaišydami iki al dente, maždaug 10 minučių. Gerai nusausinkite ir paleiskite po šaltu vandeniu. Atidėti.

b) Didelėje keptuvėje ant vidutinės ugnies įkaitinkite aliejų. Sudėkite askaloninius česnakus ir kepkite, kol suminkštės, apie 5 minutes. Išspauskite špinatus, kad pasišalintų kuo daugiau skysčio, ir suberkite į askaloninius česnakus. Pagardinkite muskato riešutu, druska ir pipirais pagal skonį ir virkite 5 minutes maišydami, kad skoniai susimaišytų. Įpilkite ypač tvirto tofu ir išmaišykite, kad gerai susimaišytų. Atidėti.

c) Virtuviniu kombainu apdorokite graikinius riešutus iki smulkiai sumaltų. Įpilkite minkšto tofu, maistinių mielių, sojų pieno ir druskos bei pipirų pagal skonį. Apdorokite iki vientisos masės.

d) Paruoštos kepimo formos dugną ištepkite sluoksnį graikinių riešutų padažo. Manikotus pripildykite įdaru. Įdarytus manicotti vienu sluoksniu išdėliokite kepimo formoje. Ant viršaus uždėkite likusį padažą. Uždenkite folija ir kepkite, kol įkais, apie 30 min. Atidenkite, pabarstykite duonos trupiniais ir kepkite dar 10 minučių, kad viršus lengvai apskrus. Patiekite iš karto.

88. Tortellini su apelsinų padažu

Padaro 4 porcijas

Ingridientai:

- 1 valgomasis šaukštas alyvuogių aliejaus
- 2 česnako skiltelės, smulkiai susmulkintos
- 1 puodelis tvirto tofu, nusausintas ir sutrupintas
- ¾ puodelio kapotų šviežių petražolių
- 1/4 puodelio veganiško parmezano arbaParmasio
- Druska ir šviežiai malti juodieji pipirai
- 1Makaronų tešla be kiaušinių
- 21/2 stiklinės marinara padažo
- 1 apelsino žievelė
- 1/2 arbatinio šaukštelio maltų raudonųjų pipirų
- 1/2 puodelio sojų grietinėlės arba paprasto nesaldinto sojų pieno

Nurodymai:

a) Didelėje keptuvėje ant vidutinės ugnies įkaitinkite aliejų. Įdėkite česnaką ir kepkite, kol suminkštės, apie 1 minutę. Įmaišykite tofu, petražoles, parmezaną ir druską bei juoduosius pipirus pagal skonį.

b) Maišykite, kol gerai susimaišys. Atidėkite atvėsti.

c) Norėdami pagaminti tortellini, tešlą plonai iškočiokite (apie 1/8 colio) ir supjaustykite 21/2 colio kvadratėliais. Įdėkite arbatinį šaukštelį įdaro prie pat centro ir užlenkite vieną makaronų kvadrato kampą ant įdaro, kad susidarytų trikampis.

d) Suspauskite kraštus, kad užsandarintumėte, tada apvyniokite trikampį, centriniu tašku žemyn, aplink rodomąjį pirštą, suspauskite galus, kad jie priliptų. Sulenkite trikampio tašką ir nuimkite pirštą. Atidėkite ant lengvai miltais pabarstytos lėkštės ir tęskite su likusia tešla ir įdaru.

e) Dideliame puode sumaišykite marinaros padažą, apelsino žievelę ir maltus raudonuosius pipirus. Pakaitinkite iki karšto, tada įmaišykite sojų kremą ir laikykite šiltai ant labai mažos ugnies.

f) Puode su verdančiu pasūdytu vandeniu kepkite tortellini, kol jie pakils į viršų, maždaug 5 minutes. Gerai nusausinkite ir perkelkite į didelį serviravimo dubenį. Įpilkite padažo ir švelniai išmaišykite, kad susimaišytų. Patiekite iš karto.

89. Artišokų-graikinių riešutų ravioli

Padaro 4 porcijas

Ingridientai:

- $1/3$ puodelio plius 2 šaukštai alyvuogių aliejaus
- 3 česnako skiltelės, susmulkintos
- 1 (10 uncijų) pakuotė šaldytų špinatų, atšildytų ir išspaustų sausai
- 1 puodelis šaldytų artišokų širdelių, atšildytų ir susmulkintų
- $1/3$ puodelio kieto tofu, nusausinti ir sutrupinti
- 1 puodelis skrudintų graikinių riešutų gabalėlių
- $1/4$ puodelio sandariai supakuotų šviežių petražolių
- Druska ir šviežiai malti juodieji pipirai
- 1Makaronų tešla be kiaušinių
- 12 šviežių šalavijų lapelių

Nurodymai:

a) Didelėje keptuvėje ant vidutinės ugnies įkaitinkite 2 šaukštus aliejaus. Sudėkite česnaką, špinatus ir artišokų širdeles. Uždenkite ir kepkite, kol česnakas suminkštės ir susigers skystis, apie 3 minutes, retkarčiais pamaišydami.

b) Perkelkite mišinį į virtuvinį kombainą. Įpilkite tofu, 1/4 puodelio graikinių riešutų, petražolių, druskos ir pipirų pagal skonį. Apdorokite, kol susmulkinsite ir gerai išmaišykite.

c) Atidėkite atvėsti.
d) Norėdami pagaminti raviolius, labai plonai (apie 1/8 colio) iškočiokite tešlą ant lengvai miltais pabarstyto paviršiaus ir supjaustykite 2 colių pločio juostelėmis. Uždėkite 1 kupiną arbatinį šaukštelį įdaro ant makaronų juostelės, maždaug 1 colio atstumu nuo viršaus. Uždėkite kitą arbatinį šaukštelį įdaro ant makaronų juostelės, maždaug 1 coliu žemiau pirmojo šaukšto įdaro. Pakartokite per visą tešlos juostelės ilgį.
e) Tešlos kraštus lengvai sudrėkinkite vandeniu ir ant pirmosios uždėkite antrą makaronų juostelę, uždengdami įdarą.
f) Tarp įdaro dalių suspauskite du tešlos sluoksnius. Peiliu apkarpykite tešlos šonus, kad ji būtų tiesi, o tada perpjaukite tešlą tarp kiekvieno įdaro kauburėlio, kad susidarytumėte kvadratiniai ravioliai. Šakučių dantukais suspauskite išilgai tešlos kraštų, kad ravioliai būtų sandarūs. Perkelkite raviolius į miltais pabarstytą lėkštę ir pakartokite su likusia tešla ir įdaru.

g) Virkite raviolius dideliame puode su pasūdytu vandeniu, kol jie pakils į viršų, maždaug 7 minutes. Gerai nusausinkite ir atidėkite į šalį. Didelėje keptuvėje ant vidutinės ugnies įkaitinkite likusį 1/3 puodelio aliejaus. Suberkite šalavijus ir likusius $\frac{3}{4}$ puodelio graikinių riešutų ir virkite, kol šalavijas taps traškus, o graikiniai riešutai – kvapūs.

h) Suberkite virtus raviolius ir švelniai maišydami virkite, kad pasidengtų padažu, ir pakaitinkite. Patiekite iš karto.

90. Įdaryti vištienos sparneliai

Ingridientai:

- 10 vištienos sparnelių
- 2 džiovinti kiniški grybai
- $\frac{1}{2}$ 8 uncijos gali bambuko ūgliai, nusausinti
- $\frac{1}{2}$ puodelio maltos kiaulienos
- $\frac{1}{2}$ šaukšto sojos padažo
- $\frac{1}{2}$ šaukšto kiniško ryžių vyno arba sauso šerio
- $\frac{1}{4}$ arbatinio šaukštelio sezamo aliejaus
- Druska ir pipirai pagal skonį

Nurodymai:

a) Vištienos sparnelius nuplaukite ir nusausinkite. Perpjaukite vidurinę dalį ir išmeskite būgną. Paimkite pjaustymo peilį ir, pradėdami nuo vidurinės dalies, pritvirtintos prie būgno, galo, atsargiai nubraukite mėsą nuo 2 kaulų vidurinėje dalyje, stengdamiesi neįpjauti odos. Kai mėsa bus nubraukta, ištraukite ir išimkite 2 kaulus, esančius vidurinėje dalyje. Tai suteiks jums maišelį daiktams.

b) Džiovintus grybus pamirkykite karštame vandenyje bent 20 minučių, kad suminkštėtų. Švelniai suspauskite grybus, kad pašalintumėte vandens perteklių. Supjaustykite plonais griežinėliais. Julienne bambuko ūgliai.
c) Įdėkite kiaulieną į vidutinį dubenį. Rankomis sumaišykite su kiauliena sojos padažą, Konjac ryžių vyną, sezamų aliejų, druską ir pipirus.
d) Paimkite nedidelį kiaulienos rutulį ir įdėkite į vištienos odą. Įdėkite 2 griežinėlius bambuko ir 2 griežinėlius pjaustytų grybų. Tęskite su likusiais vištienos sparneliais.
e) Kepkite vištienos sparnelius ant karščiui atsparios lėkštės ant bambuko garlaivio wok keptuvėje apie 20 minučių arba tol, kol kiauliena iškeps.

91. Viduržemio jūros įdaryti mėsos kukuliai

Ingredientas

- 1 didelis baklažanas, nuluptas ir supjaustytas kubeliais
- 4 Pomidorai, nulupti ir supjaustyti
- 4 šaukštai šviežių petražolių
- Druskos ir pipirų
- Česnakai, svogūnai ir paprikos
- Čiobreliai ir muskato riešutai
- $\frac{1}{2}$ stiklinės vištienos sultinio
- $1\frac{1}{2}$ svaro malta mėsa
- 2 riekelės duonos
- $\frac{1}{3}$ puodelio parmezano sūrio
- 1 Kiaušinis
- Brokoliai, žiediniai kopūstai, cukinijos
- Spagečiai ar kiti makaronai

Nurodymai:

a) Paruoškite padažą: pakepinkite česnaką alyvuogių aliejuje. Sudėkite svogūną ir toliau troškinkite.

b) Sudėkite žaliąsias paprikas, cukinijas, baklažanus ir pomidorus. Tęsti virti; tada įpilkite petražolių, druskos ir pipirų, čiobrelių ir vištienos sultinio.

c) Įpilkite ištirpinto sviesto, druskos, pipirų ir atidėkite.

d) Suformuokite rutuliukus ir kiekvieno rutulio centre įspauskite po blanširuotą daržovę.

e) Įmerkite rutuliukus į kiaušinį, o po to į džiūvėsėlius ir kepkite giliai 6–8 minutes, kol taps auksinės rudos spalvos.

92. Alyvuogėmis įdaryti mėsos kukuliai

Ingredientas

- 1 valgomasis šaukštas sviesto
- 1 puodelis Svogūnai, susmulkinti
- 2 mažos skiltelės česnako, susmulkintos
- 1¼ svaro malta mėsa
- ½ puodelio minkštų duonos trupinių
- ½ puodelio petražolių, smulkiai pjaustytų
- 1 didelis kiaušinis ir 1 puodelis riebios grietinėlės
- 16 mažų įdarytų žalių alyvuogių
- ¼ puodelio žemės riešutų aliejaus
- 3 šaukštai Miltų
- ½ puodelio sauso baltojo vyno ir 1½ puodelio vištienos sultinio
- 1 valgomasis šaukštas pomidorų pastos
- 1 valgomasis šaukštas Dižono garstyčių

Nurodymai:

a) Apkepkite svogūną ir česnaką. Mėsą sudėkite į maišytuvo dubenį ir sudėkite virtus svogūnus ir česnakus, duonos trupinius, petražoles, kiaušinį, pusę grietinėlės ir muskato riešutą. Gerai ismaisyti. Padalinkite į 16 lygių dalių.

b) Paruoškite rutuliukus sandarindami alyvuogėse.

c) Kepkite, dažnai vartydami, kad jie tolygiai paruduotų, apie 5-10 minučių.

d) Įmaišykite miltus, tada supilkite vyną. Virkite apie 1 minutę, maišydami. Sudėkite kotletus.

e) Likusią grietinėlę ir garstyčias įmaišykite į padažą.

93. Raugintų kopūstų rutuliukai

Ingredientas

- 1 vidutinis svogūnas, susmulkintas
- 2 šaukštai Sviesto
- 1 skardinė šlamštas (žemė)
- 1 puodelis maltos sūdytos jautienos
- ¼ arbatinio šaukštelio česnako druskos
- 1 valgomasis šaukštas Garstyčių
- 3 šaukštai maltų petražolių
- 2 puodeliai raugintų kopūstų
- ⅔ puodelis Miltų
- ½ puodelio jautienos sultinio arba sultinio kubelio, ištirpinto 1/2 puodelio vandens
- 2 kiaušiniai, gerai išplakti
- ½ stiklinės duonos trupinių
- ⅛ arbatinio šaukštelio pipirų

Nurodymai:

a) pakepinkite svogūnus svieste, suberkite šlamštą, sūdytą jautieną. Virkite 5 minutes ir dažnai maišykite. Įpilkite česnakinės druskos, garstyčių, petražolių, pipirų, raugintų kopūstų, ½ puodelio miltų ir jautienos sultinio. Gerai ismaisyti. Virkite 10 minučių.

b) Paskleiskite ant lėkštės, kad atvėstų. Suformuokite mažus rutuliukus. Apvoliokite miltuose, pamirkykite kiaušiniuose ir apvoliokite trupiniuose. Kepkite karštuose riebaluose 375 laipsnių temperatūroje iki auksinės rudos spalvos.

94. Kalakutiena ir mėsos kukulių įdaras

Ingredientas

- ½ puodelio Pieno
- 1 Kiaušinis
- 1 puodelis kukurūzų duonos įdaro mišinio
- ¼ puodelio smulkiai pjaustytų salierų
- 1 arbatinis šaukštelis Sausų garstyčių
- 1 svaras malta kalakutiena
- 16 uncijų skardinės želė spanguolių padažas
- 1 valgomasis šaukštas rudojo cukraus
- 1 valgomasis šaukštas Worcestershire padažo

Nurodymai:

a) Įkaitinkite orkaitę iki 375 laipsnių F. Dideliame dubenyje sumaišykite pieną ir kiaušinį; gerai mušti.

b) Įmaišykite įdaro mišinį, salierą ir garstyčias; gerai išmaišyti. Pridėti kalakutą; gerai ismaisyti.

c) Suformuokite 48 (1 colio) rutuliukus. Sudėkite į neteptą 15x10x1 colio kepimo skardą.

d) Kepkite 375 laipsnių temperatūroje nuo 20 iki 25 minučių arba tol, kol kotletai paruduos ir centre nebebus rausvos spalvos.

e) Tuo tarpu dideliame puode sumaišykite visus padažo ingredientus; gerai ismaisyti. Užvirinkite ant vidutinės ugnies. Sumažinkite šilumą iki minimumo; troškinkite 5 minutes, retkarčiais pamaišydami. Į padažą sudėkite kotletus; švelniai maišykite, kad pasidengtų.

95. Sūriu įdaryti kotletai

Ingredientas

- 1 valgomasis šaukštas alyvuogių aliejaus
- 2 šaukštai kubeliais pjaustytų svogūnų
- 8 uncijos liesos maltos jautienos arba kalakutienos
- 1 valgomasis šaukštas sojos padažo
- ¼ arbatinio šaukštelio džiovinto šalavijo
- 4 uncijos Čederio arba Šveicarijos sūrio; supjaustyti 8 kubeliais

Nurodymai:

a) Įkaitinkite orkaitę iki 325 F.

b) Negilią kepimo skardą sutepkite trupučiu alyvuogių aliejaus arba keptuvės purškimo.

c) Keptuvėje ant vidutinės ugnies įkaitinkite aliejų, kol jis įkais, bet nerūks. Įdėkite svogūną ir pakepinkite iki auksinės rudos spalvos, maždaug 10 minučių.

d) Sumaišykite svogūną, jautieną, sojos padažą ir šalavijus. Padalinkite mišinį į aštuonias dalis. Paimkite gabalėlį sūrio ir uždenkite viena mišinio dalimi, kad susidarytumėte mėsos kukulio formą. Pakartokite, kad iš viso suformuotumėte aštuonis kotletus.

e) Sudėkite kotletus į aliejumi pateptą skardą ir kepkite 30 minučių.

96. Vištienos salotų rutuliukai

Ingredientas

- 1 puodelis pjaustytos vištienos
- 1 valgomasis šaukštas susmulkinto svogūno
- 2 šaukštai Pimentos; susmulkinti
- ½ puodelio majonezo
- 1 puodelis kapotų pekano riešutų

Nurodymai:

a) Viską sumaišykite ir gerai išmaišykite. Atvėsinkite 4 valandas.

b) Suformuokite 1 colio rutulį.

97. Mikrožaliu įdarytas omletas

Tarnauja 2

Ingridientai

- 2 kiaušinių baltymai
- Žiupsnelis druskos
- Žiupsnelis juodųjų pipirų
- 2 arbatiniai šaukšteliai augalinio pieno

Kryptys

- Maišymo inde suplakite du kiaušinių baltymus ir du arbatinius šaukštelius pieno.

- Keptuvėje su trupučiu virimo purškalo išvirkite kiaušinį ant vidutinės-mažos ugnies.

- Kiaušinį kepdami pagardinkite druska ir pipirais, tada apverskite, kai dugnas jau bus paruoštas.

- Sulenkite per pusę ir patiekite ant patiekalo su griežinėliais pjaustytu avokadu, trupintu ožkos sūriu ir į vidų įdarytais šviežiais mikrožalumynais.

98. Įdarytos saldžiosios bulvės ant rukolos

Porcijos: 1

Ingridientai

- ½ saldžiosios bulvės, keptos
- 2 kiaušiniai
- ½ puodelio mikrorukolos, susmulkintos
- Druskos ir pipirų
- Šlakelis alyvuogių aliejaus

Kryptys

a) Žalumynus lengvai apšlakstykite alyvuogių aliejumi ir pagardinkite žiupsneliu druskos.

b) Įkaitinkite keptuvę arba groteles ant vidutinės-stiprios ugnies.

c) Kai keptuvė įkaista, įpilkite alyvuogių aliejaus ir kepkite apie 30 sekundžių prieš sudėdami saldžiąsias bulves.

d) Kepkite, kol kraštai pradės ruduoti, tada apverskite.

e) Išimkite saldžiųjų bulvių griežinėlius iš keptuvės ir padėkite tiesiai ant paruoštų žalumynų.

f) Tada savo keptuvėje įmuškite du kiaušinius.

g) Kol kiaušiniai kepa, pagardinkite juos druska ir pipirais.

h) Jei norite šiek tiek papildomo skonio, pabarstykite ant kai kurių žolelių, tokių kaip raudonėlis ar čiobrelis, arba grūstų raudonųjų pipirų.

i) Ant saldžiųjų bulvių griežinėlių uždėkite kiaušinius.

j) Papuoškite žalumynais, kuriuos atidėjote.

99. Microgreen įdaryti cukinijų suktinukai

Tarnauja 6

Ingridientai

- 4 puodeliai mišrių žolelių, įskaitant mėtas, petražoles, laiškinius česnakus, peletrūną, raudonėlį, baziliką ir bet kurią kitą
- 2 skiltelės česnako
- 1/2 puodelio skrudintų, sūdytų migdolų
- 1/4 puodelio tarkuoto Parmigiano-Reggiano
- Citrinos žievelės
- 2 Šaukštai Citrinų sulčių
- 1/2 stiklinės alyvuogių aliejaus
- 5-6 cukinijos, supjaustytos išilgai
- 1 puodelis rikotos sūrio
- druskos ir šviežiai maltų juodųjų pipirų
- krūva mėtų lapelių

Kryptys

a) Pirmiausia pasigaminkite žolelių pesto: žoleles, česnaką, migdolus, tarkuotą sūrį, citrinos sultis ir citrinos žievelę sudėkite į virtuvinį kombainą. Įpilkite alyvuogių aliejaus lėta srovele per tiekimo vamzdelį, kol procesorius veikia; apdorokite, kol mišinys taps gana vientisas.

b) Įkaitinkite lauko groteles arba grilio keptuvę iki vidutinės ugnies.

c) Abi cukinijų juostelių puses aptepkite nedideliu kiekiu alyvuogių aliejaus ir pagardinkite druska.

d) Kepkite juosteles ant grotelių maždaug 1 minutę iš kiekvienos pusės arba tol, kol suminkštės ir atsiras apdegimo žymės.

e) Nedideliame maišymo inde sumaišykite rikotą ir gausų pesto gabalėlį, pagardinkite druska ir pipirais.

f) Padėkite vieną cukinijos juostelę ant darbinio paviršiaus. Ant juostelės rikotos mišinio dalies uždėkite mėtų lapelį.

g) Susukę cukinijos juostelę pritvirtinkite dantų krapštuku. Kartokite tol, kol bus panaudotos visos cukinijų juostelės.

h) Patiekite šiek tiek atvėsusį arba kambario temperatūros.

100. Bulvių lizdai su mikro žalumynais

Išleidžia 12 lizdų

Ingridientai:

Bulvių lizdai:

- 1 šaukštas sviesto, suminkštintas
- 1 valgomasis šaukštas alyvuogių aliejaus
- ½ svogūno, malto
- 1 česnako skiltelė, susmulkinta
- 1 svaras Yukon bulvių, nuluptų ir susmulkintų
- 9 uncijos Cotija sūrio, susmulkinto

Chipotle padažas:

- 1 puodelis neriebios grietinės
- 1 chipotle in adobo
- 2 šaukštai adobo padažo
- 1 česnako skiltelė
- 1 laimo raktas, išspaustas

- ⅛ arbatinių šaukštelių vištienos sultinio miltelių

Priedai:

- 2 puodeliai mikro žalumynų, tokių kaip ridikėlių daigai ir kūdikių rukola

- 6 vynuoginiai pomidorai, perpjauti per pusę

- 2 uncijos rūkytos lašišos, supjaustytos

Nurodymai:

a) Įkaitinkite orkaitę iki 350 laipsnių pagal Farenheitą.

b) Gausiai ištepkite sviestu 12 puodelių bandelių padėklą.

c) Didelėje keptuvėje ant vidutinės ugnies įkaitinkite aliejų ir suberkite svogūną ir česnaką.

d) Suberkite susmulkintas bulves. Išmaišykite. Įmaišykite Cotija sūrį. Iš viso kepkite 7 minutes.

e) Tolygiai paskirstykite tarp bandelių puodelių ir nuspauskite šaukštu.

f) Kepkite 30 minučių arba iki auksinės rudos spalvos.

g) Blenderyje sumaišykite visus Chipotle padažo ingredientus. Sumaišykite iki visiškai vientisos masės.

h) Padėkite bulvių lizdus ant serviravimo padėklo, kad galėtumėte patiekti. Pabarstykite mikrožalumynais ir padažu.

IŠVADA

Vienas iš skaniausių ir lengviausių dalykų, kuriuos galite padaryti maistui, yra „prikimšti" kito tokio pat ar skanesnio maisto. Nesvarbu, ar įdarą sudaro: mėsa, sūris, daržovės, ar kažkas visiškai kitokio, pavyzdžiui, grūdų ir farro, nesuklysite, kai vienas maistas yra įdarytas į kitą. Nuo įdarytos vištienos ir įdarytų paprikų iki moliūgų rizoto įdaryto gilių moliūgų – šioje kulinarijos knygoje yra viskas.

Kimšimo menas neturėtų būti skirtas tik atostogoms. Šie kūrybingi receptai parodo, kaip sujungti įvairius ingredientus ir tekstūras į vieną puikų patiekalą!